De l’antilope à la locomotive

Ngaye Mékhé

Histoire économique et sociale d’une ville escale du Kajoor (Sénégal) de 1900 à nos jours

Baïdy DIA

De l'antilope à la locomotive

Ngaye Mékhé

Histoire économique et sociale d'une ville escale du Kajoor (Sénégal) de 1900 à nos jours

Préface du professeur Mamadou KANDJI
Postface du pofesseur Oumar SOCK

L'Harmattan Sénégal

10 VDN, Sicap Amitié 3, Lotissement Cité Police, DAKAR

http://www.harmattansenegal.com
senharmattan@gmail.com
senlibrairie@gmail.com

ISBN: 978-2-343-14591-4
EAN: 9782343145914

SOMMAIRE

TROISIÈME PARTIE
NGAYE MÉKHÉ, UN IMPORTANT
PÔLE ÉCONOMIQUE : 1900-1960

DÉDICACE

À

Serigne Béthio Thioune,

Guide spirituel et éminent *ajoor*
qui m'a souvent promené à travers
l'histoire économique et sociale du Kajoor.

REMERCIEMENTS

Je voudrais avant tout dire toute ma dette de reconnaissance aux populations de Ngaye Mékhé pour avoir bien voulu m'accueillir dans leurs maisons et m'avoir fourni les informations précieuses dont j'avais tant besoin pour la rédaction cette monographie.

À défaut de pouvoir citer toutes les personnes ressource, j'en nommerai quelques-unes. À Ndiop : M. Babacar Fall, professeur d'histoire à la retraite ; à Ngaye Djitté : M. Lamine Sylla, ancien boutiquier chez les Kabaz et l'imam Moussa Djitté ; au quartier Lébou : M. Saliou Samb, ancien boutiquier chez les Izaure, M. Moussa Guèye, directeur d'école, M. Mansour Khouma, ancien fonctionnaire à l'INEADE et M. Mamour Djitté ; à Kipp Ga : M. Sady Sall, agent d'état-civil ; M. Élimane Diagne de Ngaye-Diagne.

Au quartier Mbambara aussi plusieurs personnalités m'ont été d'un apport inestimable. Je tiens à les remercier très chaleureusement pour m'avoir accueilli à leur domicile et m'avoir fourni des renseignements sans lesquels la monographie serait incomplète : M. Pape Fall Mandiémé, entrepreneur, M. Mamadou Guèye, instituteur à la retraite, M. Boubacar Mbaye, agent technique d'agriculture à la retraite, Mme Oumy Guèye, ancienne conseillère municipale, Mme Fatou Diakhaté, monitrice en alphabétisation, et M. Sidy Ndaw et toute la famille Ndaw.

J'apprécie à sa juste valeur la contribution majeure des « gardiens du temple » : M. Njin Diop du village de Mékhé, M. Ibra Déguène Niang de Koul, M. Meuck Tine de Mérina Ndakhar, et, enfin, M. Doudou Samb, président des communicateurs traditionnels de Ngaye Mékhé.

La rédaction d'une monographie sur un territoire donné nécessite forcément l'encadrement et les conseils avisés de chercheurs chevronnés. Aussi renouvellai-je mes remerciements à l'endroit de M. Mamadou Kandji, professeur émérite des Universités, préfacier de cette monographie, sans qui celle-ci verrait difficilement le jour.

Je remercie sincèrement M. Oumar Sock, natif de Ngaye Mékhé et professeur émérite des Universités, qui m'a fait l'honneur de postfacer ce travail, et surtout pour m'avoir balisé la voie de mes contacts avec Régis Cathala dont l'apport a été plus que déterminant.

Bien entendu, je n'oublie pas le soutien et les encouragements de ma famille, plus particulièrement de ma tante Farma Tall, et de mes frères, Mamadou Dia et Serigne Abdoulaye Dia, qui ont fait montre d'un très grand engagement à mes côtés lors des multiples enquêtes de terrain.

Dès le début de mon projet, plusieurs institutions m'ont accompagné et fourni une précieuse documentation qui m'a permis d'approfondir des éléments notés çà et là lors de mes enquêtes de terrain : la mairie de Ngaye Mékhé, les bibliothèques de l'Université Cheikh Anta Diop et les Archives nationales du Sénégal.

Que toutes ces personnes physiques et morales veuillent bien trouver ici l'expression de ma profonde gratitude !

Baïdy DIA
Enseignant-chercheur
FASTEF, UCAD

PRÉFACE

L'ouvrage du docteur Baïdy DIA suscite l'intérêt de son lecteur dès le début. Dans cette monographie à la fois riche, dense et bien documentée, l'auteur couvre la tranche historique de son sujet de 1900 à nos jours ; c'est-à-dire plus d'un siècle et demi d'histoire économique et sociale de cette province du Kajoor qu'est Ngaye Mékhé qui se situait au cœur même de l'ancien bassin arachidier, non loin de la ville historique de Thiès et des foyers intellectuels et religieux que furent et demeurent Tivaouane, Pire, Ndiassane, Coki, etc.

Chercheur talentueux, bien informé et pétri d'histoire des idées, d'anthropologie culturelle et sociale, d'histoire de la littérature anglaise et de théorie littéraire, l'essayiste était dès le départ bien équipé pour organiser son matériau à partir d'une solide culture qui est venue se greffer sur son vécu d'un terroir où il est né et a grandi. Ce que l'on constate dès les premières lignes de l'essai, c'est la passion du chercheur qui vient se superposer à l'amour du terroir, de son terroir à lui.

La monographie examine, avec la plus grande attention, l'histoire sociale dans ses dimensions multiples et les rapports que celle-ci entretient avec l'histoire économique. Elle passe au crible la traite arachidière, les maisons de commerce, l'artisanat local et l'émergence des premières élites ngayoises.

Pour ce faire, le monographe s'est forgé une méthodologie qui répond parfaitement, de par sa perspective transhistorique, à sa préoccupation de baliser toute la période de l'histoire postcoloniale entendue comme ce qui précède, encadre et suit la période coloniale.

La structure d'ensemble de l'étude est organisée en dix chapitres qui dégagent chacun une périodisation qui en définit l'orientation globale et en fixe l'ensemble des clauses normatives. L'étude se subdivise en trois grandes parties : « 1600-1930 : un terroir au cœur du Kajoor » ; « Migration, peuplement et aménagement du territoire », et enfin « Ngaye Mékhé, un important pôle économique 1900-1960 ». La première partie est une enquête sur les origines de la ville, sur les questions identitaires et la position stratégique de Ngaye Mékhé dans le Kajoor. La seconde aborde les vagues migratoires et l'aménagement du territoire à partir des Quatre Communes de plein exercice ; du Soudan français ; du Kajoor profond et de l'Occident avec l'installation des maisons de commerce, principalement bordelaises.

La troisième et dernière partie examine les questions économiques : le commerce de détail, la traite arachidière au niveau de l'escale de Ngaye sur les années 1910-1911, 1929-1930, etc. ; la cordonnerie, cheval d'orgueil des Ngayois, le chemin de fer et ses adjuvants comme moteurs de l'économie locale ont aussi retenu l'attention du monographe.

Chaque chapitre de l'essai se définit comme le prolongement du précédent et l'amorce du chapitre suivant ; le tout tendant à donner à l'étude une certaine fluidité heuristique qui en facilite et la lecture et la cohérence globale. Une bibliographie de très grande qualité, deux index, des tableaux, des planches, photos, des figures et des cartes viennent couronner l'organisation de ce brillant essai.

Tout compte fait, la monographie du docteur Baïdy DIA est celle d'un chercheur averti : un historien des idées, un humaniste qui se soucie de la préservation de la culture locale qu'il articule au global et au mondial. Rien dans cet essai n'a été laissé au hasard. Les recherches ont été bien menées à partir de l'histoire locale (interviews, enquêtes et questionnaires) contrôlée et vérifiée à partir des archives locales et nationales.

Les historiens, les chercheurs, les décideurs des politiques publiques, territoriales et locales la liront—j'en suis convaincu—avec profit.

Mamadou KANDJI
Professeur titulaire des universités de classe exceptionnelle
Doyen honoraire de la Faculté des Lettres et Sciences Humaines, UCAD
Officier de l'Ordre International des Palmes Académiques du CAMES

INTRODUCTION

S'il existe un important territoire du Kajoor dont on n'a pas encore assez visité l'histoire, c'est bien Ngaye Mékhé. De par sa position stratégique entre Dakar et Saint-Louis, l'océan Atlantique et les anciennes capitales du royaume, cet ancien territoire de la province du Sañaxor occidental est situé sur la bande Atlantique, à 20 km de la côte, 15° 07' nord et 16° 38' ouest. Presque inconnue jusqu'au XIXe siècle, Ngaye Mékhé allait soudainement jouer un rôle éminemment important pendant la période coloniale. C'est la raison pour laquelle nous avons décidé de lui accorder cette monographie.

Elle retrace l'histoire économique et sociale de ce territoire à la fois carrefour et naguère escale, dont le processus de peuplement et d'aménagement a débuté au XVIe siècle, du temps du *damel* du Kajoor indépendant, Amary Ngoné Sobel Fall (1549 à 1593), et connaîtra son apogée économique avec l'avènement du chemin de fer et de la traite arachidière. Ngaye Mékhé va aussi entrer dans le champ des grandes localités historiques du Sénégal, courue par les aventuriers et les chercheurs de fortune, et chantée par les bardes.

Dans le processus de reconstitution de ce passé glorieux, nous avons choisi une approche transhistorique, afin de faire ressortir la périodisation de l'histoire de Ngaye Mékhé, et l'enquête comme méthodologie de travail. Nous avons privilégié les documents produits par les acteurs de cette époque, et des traces de leurs activités. Parmi ces sources, nous avons accordé une place à l'histoire orale. En effet, dans notre souci de multiplier les sources d'informations, et quoique l'histoire valorise les sources écrites, nous avons aussi accordé une place de choix aux récits de vie et aux récits culturels.

Cette approche par les terroirs, plus qu'utile dans une société qui a toujours compté sur la mémoire « pour archiver son patrimoine et élaborer sa vérité au temps et sa vérité-temps » (Diagne 2005 : 245), s'inspire de la pure tradition historiographique anglo-saxonne qui privilégie l'histoire naturelle et s'adapte parfaitement au contexte africain où « La valorisation des sources, la réflexion sur leur traitement, joue un rôle clé dans l'affirmation d'une histoire proprement africaine après les indépendances » (2011 : 29), comme le confirme l'historiographe, Nicolas Offenstadt.

Pour délimiter les bornes temporelles de l'étude, nous avons pris comme point de départ le XIXe siècle, début des grandes mutations scientifiques, technologiques, économique et sociales, même si l'histoire de Ngaye Mékhé commence bien plus tôt. En effet, elle débute sous le règne du *damel* Amary Ngoné Sobel Fall, l'événement le plus marquant dans le Kajoor de la première moitié du XVIe siècle en ce qu'il consacre la fin de l'empire du Djolof et l'indépendance du Kajoor en 1549. En outre, c'est dans les premières années de ce règne (1549-1593) que nous situons la création de Ngaye Mékhé. Toute cette période sera balisée jusqu'à l'indépendance et même pendant les années 70 où, avec les cycles de sécheresses cumulés à une morosité économique mondiale, Ngaye commença à perdre de sa superbe, même si, au demeurant, elle commença à s'installer dans une modernité.

Si l'antilope, ou *ngaay* en langue mandingue, a donné son nom à Ngaye Mékhé, il n'en demeure pas vrai que l'introduction de la locomotive dans ce territoire a également participé à la disparition des antilopes. En effet, avec l'ouverture de Ngaye sur le marché mondial, l'habitat de ces cervidés allait être perturbé par les besoins croissants d'une société industrielle qui exigeait des paysans de plus de terres arables pour la culture arachidière.

Nos sources écrites proviennent des Archives Nationales du Sénégal, de l'Institut Fondamental d'Afrique Noire (IFAN) et des bibliothèques de l'Université Cheikh Anta Diop de Dakar. Quant aux sources orales, elles sont réunies par souci d'authenticité et auprès de grands griots du terroir et afin de pouvoir les croiser aux sources écrites et aux traces, auprès de personnes âgées dans les différents quartiers de Ngaye Mékhé.

Nous espérons que cette monographie, qui n'a pas la prétention d'avoir dit le dernier mot sur Ngaye Mékhé, sera suivie d'autres qui relèverons d'autres aspects tout aussi importants de l'histoire de ce territoire carrefour, comme l'histoire postcoloniale à laquelle nous comptons consacrer un ouvrage.

PREMIÈRE PARTIE

UN TERROIR AU CŒUR DU KAJOOR

Vers la fin du XIXe siècle, le Kajoor cristallisait tous les regards de la colonie française puisqu'il était au cœur du projet de la bande atlantique, si chère au gouverneur Faidherbe. La bande atlantique était cette zone en bordure de mer, au moins vingt kilomètres de la côte, qui partait de Saint-Louis à Gorée, deux villes qui abritaient chacune un fort français.

L'objectif colonial consistait à relier ces deux villes à travers des villes escales ferroviaires[1], afin d'avoir un réel contrôle sur le bassin arachidier qui englobait à l'époque tout le Kajoor. Il en résultait la nécessité de liquider Lat Dior qui faisait écran au projet colonial de construction de la voie ferrée. Paradoxalement, pour que Ngaye Mékhé vive, un lourd tribut était exigé : la mort de Lat Dior et le démantèlement du Kajoor.

Avec la dislocation du royaume et les mouvements migratoires qui s'ensuivirent, commença un long processus de reconfiguration spatiale et de déplacement des centres de gravité, politique, économique et social, vers Ngaye Mékhé qui se positionnait ainsi à la croisée des chemins.

---

1 Sur l'axe Dakar-Saint-Louis, ce sont des villes comme Louga, Kébémer, Ndande, Kelle, Ngaye Mékhé, Pire, Tivavaoune, Thiès, Sébikhotane, etc.
Rappelons que dans sa première configuration, le Kajoor comprenait toute la province du Jander (le Cap Vert) et le Kajoor central. Après le découpage de Faidherbe, le Kajoor du temps de Lat Dior se limitait uniquement au Kajoor central qui, suivant l'axe ferroviaire, partait de Guéoul à Tivaouane.

CHAPITRE I

1600-1930 : ORIGINES D'UNE VILLE CARREFOUR

L'origine des villes remonte à l'aube brumeuse des temps anciens où le monde était encore jeune et où les lianes de la mémoire étaient encore peuplées de mythes et de légendes. L'origine de Ngaye Mékhé n'échappe pas à ce flou sujet à controverse. Quant à la position géographique d'un terroir, elle peut être bénéfique ou traitresse au gré de l'histoire, c'est-à-dire jouer sur son enclavement ou sur son désenclavement, sur son essor économique ou sur son autarcie. Ngaye a eu l'aubaine d'être sur l'axe des villes escales du Sénégal colonial. Mais avant d'aborder la question de cette position stratégique, retraçons l'origine de cette ville carrefour.

I. - NGAYE MÉKHÉ, UNE ORIGINE CONTROVERSÉE

La datation de Ngaye Mékhé et la question de sa paternité font l'objet de quatre récits fondateurs. Ils relèvent tous de la tradition orale et semblent tous prendre leurs sources aux alentours du règne du *damel* Amary Ngoné Sobel (1549-1593), le fils du *laman* Déthié Foundiogou Fall (-- -1549), devenu roi du Kajoor après la défaite du *Burba* Lélé Foulifak Ndiaye (1543-1549) en 1549. La datation de Ngaye, qu'il nous faut revoir avant tout parce que sujette à controverse, mérite d'être posée pour une meilleure lecture de l'histoire de ce territoire.

1. - La fondation de Ngaye Mékhé, XVe ou XVIe siècle ?

Contrairement à ce qu'avancent certaines sources (Internet, quotidiens sénégalais), et même le Conseil communal de Ngaye, nous sommes d'avis que Ngaye ne date pas du XVe siècle. La raison d'une telle inexactitude résulterait d'une certaine conformité qui fait que, très souvent, l'on se contente de reprendre des sources sans vraiment s'interroger sur leur authenticité.

Précisons d'abord que le nom « Ngaye » n'existait pas avant la rencontre d'Amary Ngoné et de Socé Ndiambé Djitté. En effet, pratiquement toutes les sources orales dont nous disposons sur la création de Ngaye font référence à Amary Ngoné. Il ressort de cela que Ngaye Mékhé serait vraisemblablement fondée dans la deuxième moitié du XVIe siècle, c'est-à-dire après 1549.

Une certaine source fait référence à Déthié Foundiogou Fall dont le règne serait à cheval sur celui de quatre empereurs du Jolof : Birame Coura Gane Ndiaye (1488-1492), Boukar Bigué Sangoulé Ndiaye (1492-1527), Birame Ndiémé Coumba Ndiaye (1527-1543) et Lélé Fouly Fak Ndiaye (1543-1549).

Autrement dit, Déthié Foundiogou, qui aurait régné pendant 61 ans (1488-1549), serait né vers 1459 (et mort en 1549), si l'on considère qu'il a accédé au trône à 30 ans, c'est-à-dire en 1489. Par conséquent, pour que Ngaye soit fondée au XVe siècle, il fallait que Socé Ndiambé Djitté ait rencontré Déthié Foundiogou dans les 11 premières années du règne de celui-ci, soit entre 1489 et 1500. Ou alors il l'a rencontré pendant la première moitié du XVIe siècle, c'est-à-dire entre 1500 et 1549.

Il est évident que nous penchons pour la seconde hypothèse (1500-1549) pour deux raisons : d'abord, 1549 marquant l'indépendance du Kajoor, les nouvelles autorités du royaume, comme c'était souvent le cas dans ces genres de situations, avaient fort besoin d'une protection mystique pour consolider leur règne, d'où l'arrivée de beaucoup de marabouts dans le Kajoor et le début de l'islam de cour de la seconde moitié du XVIe siècle. Ensuite, beaucoup de villages du Kajoor (et bien d'autres localités) seraient fondés au XVIe siècle, surtout durant ce contexte d'indépendance.

La piste Déthié Foundiogou menant vraisemblablement vers l'impasse, la conséquence directe et logique d'une telle déduction est que Ngaye Mékhé, toutes proportions gardées, et comme la plupart des villages du Sénégal, est fondée dans la deuxième moitié du XVIe siècle (après 1549) et non au XVe siècle, comme le voudraient certaines sources hasardeuses.

2. - Ngaye Mékhé : paternité du terroir et étude sémantique de l'ethnonyme

Qui, des Mandingues, des Maures, des *Ñeeño* (gens de caste) ou des Sereers, a vraiment habité les premiers ou baptisé ce terroir du Kajoor ? C'est ce que nous tenterons d'éclaircir, car à Ngaye Mékhé, chacune de ces familles semble détenir sa propre version des faits.

a. - Ngaye-Djitté, ou le Ngaye des Djitté : la légende de l'antilope

Le premier récit parle d'un certain marabout mandingue, Ndiambé Djitté, qui serait entré dans le Kajoor durant le règne d'Amary Ngoné Sobel Fall. À l'époque, les royautés n'avaient de soucis que de consolider leur règne et d'acquérir d'autres territoires, d'autres vassaux. Selon la tradition, quand le nouveau *damel*, qui était au village de Mékhé, entendit parler des succès mystiques du marabout mandingue, il le fit mander pour un service.

Certaines gens de Ngaye Mékhé racontent que pour les besoins de l'opération, le marabout avait besoin d'une corne d'antilope pour s'en servir comme fétiche. C'est ainsi qu'il partit chasser cet animal dans la forêt environnante qui en était peuplée. En effet, la géographie de ce territoire, plein de dunes et de crevasses, regorgeait d'une abondante faune et d'une luxuriante flore. Pour l'histoire, rappelons que grâce à leur nombre de marigots, ce territoire de Ngaye et la zone des Niayes avaient, dès 1898, retenu l'attention des autorités coloniales qui cherchaient un endroit idéal pour l'emplacement d'une ferme-école, c'est-à-dire un champ d'essai pour expérimenter de nouvelles variétés de semences, comme ce fut le cas avec les graines d'arachides en provenance d'Égypte.

C'est dans ce genre d'espace que le marabout mandingue aurait tué l'antilope pour ses cornes. Cet espace se trouverait aujourd'hui à l'est du marché, sur l'actuelle avenue Sidy Gaye Massar (avenue de la Poste), où il y avait un grand arbre (*xël*), à l'emplacement de l'ancienne boutique de Sidy Ndime, et un grand marigot où les animaux venaient boire.

Une autre source, celle du griot Ibra Déguène Niang du village historique de Koul, à 3 km de Ngaye Mékhé, mentionne ce grand arbre, mais parle d'une promenade qui aurait amené le marabout mandingue à cet endroit. Il y vit une antilope qu'il tua et amena au *damel* et tous les deux s'en régalèrent.

Selon Moussa Djitté, l'imam de la mosquée de Ngaye-Djitté et arrière-petit-fils de Socé Ndiambé, l'antilope aurait été tuée aux environs du cimetière colonial *Segi tubaab* (Cimetière des Blancs), à l'actuel croisement de la voie ferrée et la Départementale. Néanmoins, toutes les versions s'accordent à dire que le marabout mandingue avait bel et bien tué un animal et qu'il s'agit d'une antilope.

Sur l'origine du mot « Ngaye », Ibra Déguène Niang raconte que vers la fin de son séjour, le marabout eut une vision dont il fit part au roi :

> **Marabout**: Damel!
> **Amary Ngoné**: Fall!
> **Marabout** : Mon *istikhaar* m'a révélé que ni moi, ni mes fils ni mes arrière-petits-fils ne retourneront au Pakao. C'est ici que nous devons nous établir. Je voudrais que vous m'autorisiez à habiter avec vous.
> **Amary Ngoné** : Cela me ferait plaisir. Un homme comme moi voudrait bien avoir un homme de ton savoir à ses côtés pour l'aider à gouverner. Vois où tu veux habiter et je te donne ces terres.
> **Marabout** : Je voudrais habiter là où j'ai tué le *ngaay*.

Ngaay, ou antilope en mandingue, aurait donné son nom à Ngaye. Cette légende est très répandue à Ngaye Mékhé.

Aujourd'hui encore, comme pour affirmer leur hégémonie sur la ville, les Djitté ont conservé la logique traditionnelle de chef de village (*borom dëkk*), mais qu'ils ont étendu à « *borom Ngaay* », c'est-à-dire le Chef de Ngaye. Ce titre, décerné à l'aîné de la communauté des Djitté et transmis de génération en génération, est actuellement porté par le patriache Moussa Djitté. Cette fonction patriarcale avait été successivement occupée par Makhète Djitté, Sanne Djitté, Cheikh Djitté, Khonne Djitté, Diangana Djitté, Mor Djitté et Souleymane Djitté.

Les Djitté constituent aujourd'hui une communauté traditionnelle villageoise où l'éthique est encore érigée en valeur cardinale. Il faut reconnaître, cependant, que cette belle tradition, qui gagnerait à être vulgarisée et appropriée, n'est pas bien perçue des Ngayois, du moins de la jeune génération.

b. - Ngaye-Diagne, ou le Ngaye des Diagne

Le deuxième récit fait référence à un autre marabout, cette fois-ci d'origine maure, du nom de Mamina Diagne. Mamina est le fils de Mahawa Diagne, originaire du village de Ndiagne Mballo, près de Bangath. De retour de la Mauritanie, où il était parti étudier sur ordre de son père, ce dernier l'envoya s'installer dans le Kajoor pour y répandre l'islam.

C'est là que Mamina aurait rencontré Amary Ngoné qui, satisfait de ses services, tenait à l'avoir dans son giron, en lui cédant la partie du royaume qui correspond aujourd'hui à Ngaye-Diagne.

Aujourd'hui, ces différentes familles semblent se disputer, quoique de manière implicite, la paternité de Ngaye. Ce « conflit » pour l'antériorité se traduit au plan patronymique par une appropriation de la localité par des noms fondateurs, comme « Ngaye-Djitté » (Ngaye qui appartient aux Djitté) ou Ngaye-Diagne (Ngaye qui appartient aux Diagne). Est-ce pour clore le débat sur la paternité du territoire que les Djitté se sont donné le titre de « *Borom Ngaay* » ?

Même si, au demeurant, la question de l'antériorité reste encore sujette à controverse, l'on relève deux constantes qui transparaissent dans ces deux récits culturels. D'abord, un début d'islam de cour qui apparaît dans le terroir, avec des *damel* qui, après la sécession avec le Jolof, s'entourent des marabouts les plus influents du royaume pour la confection d'amulettes et pour la divination, en somme pour leur protection.

L'historien Mamadou Diouf mentionne le cas d'un célèbre marabout toucouleur, Amary Dia, homonyme d'Amary Ngoné Sobel, dont la renommée remonte bien avant même la naissance de ce dernier[2]. Après son accession au trône, Amary Ngoné choisit Amary Dia pour lui confectionner des amulettes et pour désigner l'emplacement de la future capitale du royaume après une retraite spirituelle (Diouf, 1990).

---

2 Selon la tradition orale, au temps où le Kajoor était encore sous la tutelle du Jolof, Amary Dia avait prédit qu'une des épouses de Déthié Foundjogou Fall allait donner naissance à un fils qui allait régner dans le Kajoor et le Baol. Ce qui, à l'époque, était chose inouie, tellement nul n'osait penser qu'un jour le Kajoor pourrait se défaire du puissant Jolof. Amary dit à Déthié Foundiogou qu'il serait en mesure de dire laquelle de ses quatre épouses allait porter ce messie au moment où elles pileraient le mil. Quand le lamaan, ou maître des terres, demanda à ces dernières de piler l'une après l'autre, Amary désigna Ngoné Sobel Ndiaye, sa toute dernière épouse venant du Baol. Auparavant, Amary avait dit à Déthié Foundiogou que le destin de l'enfant se réaliserait s'il lui donnait son nom, Amary. Ce qui fut fait.

La deuxième constante est l'octroi de domaines-fonciers à ces marabouts pour services mystiques rendus au roi. En effet, ces hommes refusèrent toujours d'habiter dans le même village que les rois ; ils préférèrent une terre à eux dédiée où ils pourraient s'installer convenablement avec leurs disciples pour cultiver la terre et enseigner le Coran. Sur ce dernier point, « les nouvelles autorités de l'État favorisaient l'essor de l'islam au détriment des pratiques traditionnelles » (Diouf 1990 : 85), permettant ainsi l'expansion de cette religion dans le Kajoor.

c. - « Ngari Mekhe », ou la Ngaye de Mbégane Ndour

Il y a ensuite une troisième hypothèse assez différente de la perspective religieuse et pas bien courante chez les Ngayois. Elle parle d'un roi sérère du Saloum au tempérament aventurier, du nom de Mbégane Ndour, qui a vécu dans la deuxième moitié du XVe siècle. Neveu utérin de Buur Sine Maysa Wali Dione, Mbégane aurait, à l'âge adulte, visité tous les pays voisins, en particulier le Baol où il serait mort.

Alors qu'il séjournait dans le Baol, ses pérégrinations l'auraient amené jusqu'à l'emplacement du village de Mékhé dont il serait le fondateur. L'on raconte qu'il aurait dit à ceux qui le cherchaient : « *Ngari mexey* », ce qui veut dire en langue sérère « Venez, me voici ». C'est ainsi que le nom de Mékhé, qui serait une déformation phonologique de « *mexey* », serait né.

L'autre élément qui a attiré notre attention sur cette version est lié à l'ethnonyme. En effet, dans ce même Baol où Mbégane Ndour aurait séjourné, existe une contrée du nom de Mékhé, ou, plus couramment, Mékhé Lambaye, pour la différencier de Mékhé du Kajoor. De là à franchir le pas ? Cette approche par l'ethnonyme peut-elle se lire, à l'instar des ethnotextes, comme les « éléments textuels voyageurs » (2005 : 258) de Paul Zumtor, c'est-à-dire les traces ethnolinguistiques du passage de Mbégane Ndour au Baol puis à Ngaye ?

Ces hypothèses nous ont été confirmées par Njin Diop, historien traditionaliste originaire du village de Mékhé. En effet, cet homme âgé confirme que son village a été fondé par Mbégane Ndour qui avait auparavant fondé le village de Mékhé dans le Lambaye du Baol[3]. Ce

[3] Cela ne serait guère surprenant, car beaucoup de villages au Sénégal sont fondés suivant cette approche. Chaque fois que des membres du groupe social migrent et s'installent quelque part,

témoignage révèle en même temps que le village de Mékhé, fondé au XVe siècle, serait certainement aussi vieux que le village de Paleen Nded où est né Amary Ngoné Sobel. Toujours selon Njin Diop, au moment où ce *damel* accédait au pouvoir en 1549, le village de Mékhé existait déjà depuis 108 ans, c'est-à-dire depuis 1441, ce qui correspondrait effectivement au règne de Mbégane Ndour qui a vécu dans la deuxième moitié du XVe siècle.

Si l'on suit la logique de Njin Diop, cet espace qui est aujourd'hui Ngaye Mékhé, du moins jusqu'au « *xël* » où Ndiambé Djitté aurait tué l'antilope (cette partie étant la limite territoriale avec le territoire de Risso), faisait partie du Mékhé de Mbégane Ndour et, plus tard, du canton de Mékhé village.

d. - La Ngaye de Yaafani Thiam

Enfin, la dernière version est celle des *Ñeeño* de Ngaye, les Thiam en particulier, qui soutiennent que le territoire appartenait à leur ancêtre. Cette version est aussi celle du célèbre griot de Koul, Ibra Déguène Niang. Ce dernier raconte que le « *lew* », le domaine foncier, appartenait au Maure Yaafani Thiam qui l'avait reçu d'Amari Ngoné Sobel pour y faire paître ses chameaux et bœufs. Ce Yaafani serait l'ancêtre de nos compatriotes ñ*eeno* de Ngaye.

Quand les Mandingues arrivèrent plus tard et qu'Amary Ngoné voulut leur donner les terres qu'il avait déjà offertes à Yaafani, les deux hommes eurent cette discussion :

> **Amary Ngoné** : Yaafani, je t'ai certes offert ces terres. Il se trouve que mon hôte, Socé Ndiambé, veut habiter avec moi sur ces terres. Seulement un damel n'a pas pour tradition de reprendre ce qu'il a déjà donné.
>
> **Yaafani** : Damel, quand quelqu'un vous emprunte un tison pour allumer un feu et que son feu devient ardent, si le premier revient pour demander de la braise à ce dernier, si celui-ci est reconnaissant, il ne va pas la lui refuser. Reprenez tout le *lew*, damel. Je vous le concède avec joie (Entretien 2017).

---

ils reproduisent le nom du village originel auquel ils ajoutent un autre identifiant pour le différencier du premier. Á Sébikhotane, par exemple, nous avons : Sébi-Ponty, Sébi-Thiokho, Sébi-Fass, etc., à Bambey, Bambey, Bambey-Sereer, etc.

C'est alors par ce geste magnanime et sage que ce domaine foncier, qui appartenait initialement aux *Tëgg* (forgerons), échut aux Socés, selon Ibra Déguène Niang.

En tout état de cause, aujourd'hui, la version officielle sur la création de Ngaye est celle qui mentionne Socé Ndiambé Djitté. C'est aussi cette version qui est enseignée dans les écoles primaires de la ville. Qui plus est, pour conforter cette thèse, Ngaye Mékhé compte une forte communauté Djitté.

Il nous plaît d'ailleurs de rappeler que la paternité du territoire n'a réellement jamais été source de conflit pour les gens de Ngaye. Bien au contraire, elle semble même être source de plaisanterie entre les différents habitants qui y trouvent d'ailleurs une occasion de raffermir leurs liens, comme dans le cousinage à plaisanterie. Cela proviendrait du fait que, comme dans l'ancien Fouta, les Diagne et les Djitté vivaient en parfaite entente, comme membres d'une seule et même communauté. Selon Njin Diop, avant l'arrivée des confréries, les Djitté et les Diagne partageaient les mêmes événements, priaient ensemble lors des fêtes religieuses de Korité et de Tabaski.

II. - À QUELLE NGAYE SE FIER ? NGAYE, MÉKHÉ OU NGAYE MÉKHÉ ?

Ngaye, Mékhé et Ngaye Mékhé sont trois noms qui désignent le même espace géographiquement et organiquement lié. On le sait déjà, « Ngaye » fait référence à l'antilope en langue mandingue. Quant à « Mékhé », il tire son nom du village voisin de Mékhé.

À l'exception de quelques rares mentions de « Ngaye Mékhé », comme dans un rapport du commandant de cercle de Tivaouane en 1897[4], c'est le nom « Mékhé » qui revient fréquemment dans les documents de l'administration coloniale pour désigner la ville escale de Ngaye : « Gare de Mékhé », « Escale de Mékhé », etc. Le village de Mékhé étant plus proche de l'emplacement de la gare ferroviaire, qui est la première construction de l'administration coloniale dans ce terroir, le nom de Mékhé fut naturellement accolé à ce terroir pour le désigner et le situer plus

[4] Aux Archives Nationales du Sénégal, les documents les plus anciens du cercle de Tivaouane, dont dépendait Ngaye Mékhé, datent de 1897.

facilement. Comme énoncé plus haut, cela est une pratique bien connue des Sénégalais qui localisaient les patelins de moindre importance par rapport à la localité la plus importante et la plus proche.

Une visite au village de Mékhé nous a permis d'en savoir un peu plus. Djin Diop raconte que leur ancêtre, Ngouda Diakhère Ndiaye, s'était déjà installé dans l'actuel quartier Ndiop, à l'emplacement de la maison de Boss Diop, dès 1901, c'est-à-dire 10 ans avant la construction de la gare ferroviaire érigée en 1911. Djin avance surtout des arguments légaux pour justifier l'appartenance de Ngaye à Mékhé :

> « Quand le colon voulut implanter la gare à son endroit actuel, il convoqua tous les riverains, y inclut les Djitté et les Diagne, et leur demanda à qui appartenait le terroir, mais personne ne voulut se prononcer. À l'époque, le démantèlement du Kajoor et la liquidation de ses *damel* étaient encore frais dans les mémoires. Les gens avaient peur du colon. C'est alors que Ngouda Diakhère se désigna et le colon prit son nom. Quand le colon revint une seconde fois et le convoqua sous une tente, tout le monde dit que Ngouda était fini, qu'il allait être tué ou exilé. Mais quand il sortit plus tard, Ngouda brandit un papier officiel faisant de lui le chef d'escale de Mékhé, le chef de Mékhé (Ngaye) » (Entretien 2016).

Voilà comment, par l'entremise de Ngouda Diakhère, le nom de Mékhé aurait fini par supplanter administrativement celui de Ngaye.

En vérité, cet indigène chef d'escale n'avait d'autorité que sur la communauté indigène de Ngaye et travaillait d'ailleurs sous les ordres de Charles Fonta, alors commissaire de police de Ngaye Mékhé. Comme de coutume, les Blancs, qui venaient d'arriver, avaient besoin d'un intermédiaire pour bien administrer les affaires locales. Le Fèvre, l'administrateur-maire d'alors, l'a bien mentionné dans ses rapports : « L'adjoint indigène présent à Mékhé continue à surveiller l'escale et à la diriger au point de vue indigène sous la direction du commissaire de police » (ANS, 1913 : 5).

En plus du rôle central que jouait Ngouda Diakhère dans l'escale, la place prééminente du village de Mékhé dans l'histoire de Ngaye Mékhé était renforcée par le fait que les gens qui formaient la petite communauté qui habitait avec Ngouda Diakhère, à l'actuel quartier Ndiop, avaient très tôt démarré des activités commerciales sur la voie ferrée, montrant ainsi l'importance du trafic ferroviaire sur l'économie locale: « *Bu ñu nee ngaay mexee tax* », littéralement « Si l'on se vante de Ngaye, c'est grâce à Mékhé » qui l'a fait connaître, disent avec fierté les habitants de ce village.

Qu'on ne s'y trompe pas ! Derrière cette « guerre des ethnonymes » se profile une vieille rivalité entre les deux localités. Le village de Mékhé ayant existé bien avant Ngaye, et ayant même plus tard abrité le pouvoir politique colonial en tant que lieu de résidence du chef de canton, n'a pu cependant s'imposer face à l'essor économique de Ngaye qui était mieux lotie grâce à sa position d'escale. Ceci est l'histoire d'un conflit de leadership, comme on le retrouve dans toutes les cultures du monde[5].

En définitive, l'on peut retenir que le nom officiel de Ngaye Mékhé est « Mékhé » et non « Ngaye » qui est apparemment le nom favori des gens du terroir. Pour ceux qui consultent la carte du Sénégal et qui ne connaissent pas bien le territoire, il y a souvent confusion entre les deux localités. En effet, sur la carte, on voit à côté de MÉKHÉ (Ngaye) le village de Mékhé officiellement écrit avec ou sans « c » (« MÉCKHÉ » ou « MÉKHÉ »). D'ailleurs, le chef du village de Mékhé raconte qu'à cause de cette confusion orthographique et ethnonymique, un projet de construction de salles de classe pour son village a été réalisé à Ngaye, alors que les tables-bancs étaient déjà livrés chez lui. Des erreurs comme celle-ci, ou encore des voyageurs qui descendent à Ngaye, alors qu'ils voulaient se rendre au village de Mékhé, font légion.

Une autre confusion est, aujourd'hui, entretenue par les jeunes de Ngaye eux-mêmes. En effet, chez l'élite intellectuelle, les gens disent

---

5 C'était, par exemple, le cas de la ville d'Édimbourg et du village voisin de Middlesborough : ce qui a donné le quatrain suivant :

Middlesborough was a borough	Middlesborough était un bourg,
When Edinborough was none.	Alors que Édimbourg n'en était pas un.
Middlesborough will be a borough	Middlesborough restera un bourg
Long after Edinborough has gone.	Longtemps après qu'Edimbourg aura disparu.

généralement « Mékhé » au lieu de « Ngaye ». Pire, ils prononcent « MÉKÉ » (Mékoises, Mékois, jeunes de Méké, etc.), pour l'on ne sait quelle raison. Un Français l'aurait dit parce que dans sa langue n'existe pas le phonème « kh ». Un désir du citadin ngayois de se différencier et de se démarquer du villageois mékhois ? À moins que ce ne soit encore ces complexes de jeunes assimilés qui font que certaines personnes substituent certains phonèmes du terroir par des phonèmes français. Il serait peut-être temps que les autorités locales se décident à stabiliser le nom de la ville, dans les discours oraux et écrits. Et pourquoi pas « NGAYE-MÉKHÉ » (avec un trait d'union) pour matérialiser le lien ombilical historique ?

CHAPITRE II

NGAYE MÉKHÉ DANS LE KAJOOR

Ngaye Mékhé a deux vies, deux histoires : une première qui va d'Amary Ngoné Sobel Fall à Faidherbe (de 1549 aux environs de 1900), et une seconde, encore plus importante, qui débute avec la colonisation, vers la fin du XIXe siècle.

I. - 1549-1886 : NGAYE MÉKHÉ AVANT LE CHEMIN DE FER

Il existe une Ngaye avant la Ngaye du XXe siècle qui fit la popularité du territoire. C'est la Ngaye comprise dans le Kajoor central[6], plus précisément dans le Sañaxor occidental, province dont elle faisait partie.

[6] Le Kajoor central, ou Kajoor du temps de Lat Dior, était des petites provinces de Mbul, Ngigis, Andal, Mbaakol, Dembanan, Sañaxor, avec Paleen Nded comme siège de l'autorité centrale du royaume, et du terroir où l'on intronisait les *damel* du Kajoor.Ces provinces étaient habitées par les hommes ayant des fonctions importantes dans la structure politique et sociale du royaume. Mais celles-ci étaient surtout habitées par les guerriers du royaume, d'où le nom de « pays des Ceddo » donné au Kajoor par Pinet-Laprade sous le gouvernement de Faidherbe (1854-1861 et 1863-1865).

Carte 1
Ngaye Mékhé avant le chemin de fer (1869-1871)

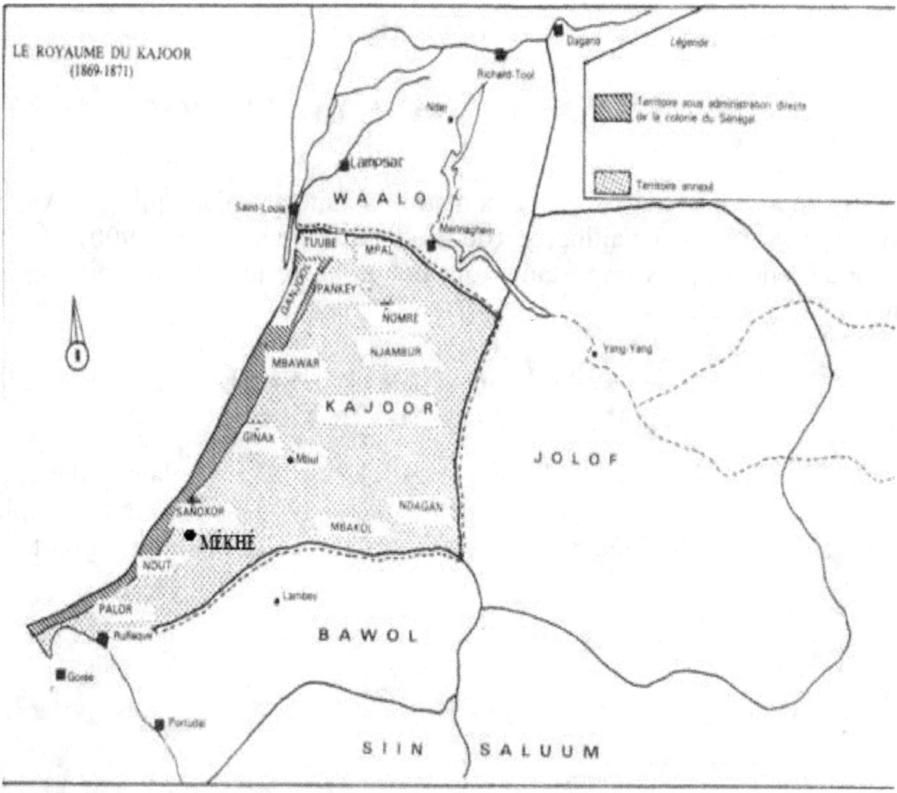

Source : C. Becker et V. Martin, Atlas du Sénégal

Bien avant l'arrivée des Européens en Afrique noire, cette partie du Kajoor, où se trouve actuellement Ngaye, était occupée par les Sereers qui avaient quitté le Tékrour au XIe siècle. Plus tard, chassés par les Wolofs et les Maures, ces Sérères suivirent la bande atlantique et s'installèrent à Sébikhotane où les avaient déjà devancés les Mandingues (Kandji 2013).

À l'époque, ce territoire, qui allait plus tard devenir Ngaye Mékhé, n'était qu'une vaste broussaille peuplée d'arbres, d'animaux et de dunes, presque impraticable pour la culture. Le seul atout de ce territoire était déterminé par sa position géographique sur la bande atlantique où allaient se dérouler d'importants échanges commerciaux dès 1444 avec l'arrivée des Européens.

Ces échanges commerciaux, qui se déroulaient jusque-là à l'intérieur des territoires, furent détournés vers le littoral, ce qui laisse présager que les premiers habitants de Ngaye ont, d'une manière ou d'une autre, certainement bénéficié de ces échanges qui se sont poursuivis jusqu'au XIXe siècle. D'ailleurs, on pourrait bien comprendre le désir du Kajoor de se libérer du joug du Jolof pour profiter pleinement de ce commerce[7]. De la même façon, l'on comprend aussi pourquoi le Jolof, qui était assis sur des bases paysannes, et qui comptait grandement sur les tributs de ses vassaux du Kajoor de plus en plus réticents, finit par s'écrouler.

Possédant la plus longue bande atlantique du Sénégal (environ 160 km), le Kajoor devint une cible privilégiée pour les Européens et une aubaine pour les ajoor qui se livraient au commerce et, occasionnellement, au pillage des bateaux qui faisaient naufrage sur ces côtes.

Mais l'élément déterminant du sort de Ngaye Mékhé était lié à Gorée et à Saint-Louis. En effet, les Français, qui avaient déjà installé leur premier comptoir à Saint-Louis en 1659, et avaient reçu l'île de Gorée des Hollandais, voulaient relier ces deux comptoirs commerciaux pour une plus grande efficacité économique. Pour eux, l'objectif était de se positionner comme intermédiaires en s'assurant l'exclusivité des marchandises des Européens, en fixant et en imposant leurs propres tarifs aux royaumes voisins : « La compagnie française, au contraire, résolut d'imposer son monopole sur les échanges et de donner la chasse aux navires étrangères qui viendraient mouiller sur ses côtes » (Diouf 1990 : 77). Ces empoignades pour la bande atlantique témoignent de l'intérêt et du rôle primordial que celle-ci allait jouer dans l'histoire économique du pays, du Kajoor et de Ngaye en particulier.

---

7 Ce qui voudrait dire que la résistance des *laman* du Kajoor à verser un tribut au Jolof ne serait pas uniquement liée au caractère humiliant de l'acte qui consistait, entre autres, à transporter un tribut de sable blanc du Kajoor au Jolof.

Mais bientôt, ce commerce atlantique, comme toutes les autres formes de commerce, de traite et de transactions auxquelles se livraient également les rois du Kajoor de l'époque, allait être supplanté par le commerce des esclaves, ce qui allait accorder à ces comptoirs une plus grande position stratégique. Ngaye Mékhé, qui était à une vingtaine de kilomètres de la côte, n'avait pu échapper aux razzias des damel. On peut avancer, à juste raison, que des Ngayois, tout comme des habitants des villages environnants, ont payé un lourd tribut en esclaves : ces esclaves qui ont travaillé dans les plantations en Amérique, ou servi comme domestiques à la colonie de Saint- Louis.

Dans son étude du pôle urbain de Diamniadio-Sébikhotane-Bargny-Sangalkam, Mamadou Kandji revient sur la configuration avantageuse de ce territoire du Jander de l'ancien Kajoor à travers les âges : « Les plateaux de Jalao ont été les témoins de tout un processus historique, puisque c'est là-bas que passaient les commerçants et esclavagistes venant du Kajoor et du Bawol et en partance vers les comptoirs de Gorée et de Rufisque » (Kandji, 2017 : 175).

Ces esclaves provenaient en grande partie de captifs des nombreuses guerres tribales de l'époque et des royaumes voisins. Mais on les prenait aussi lors des razzias dans certaines provinces du royaume et on les vendait généralement en période de famine pour entretenir les familles royales. S'ils n'étaient pas embarqués pour les Amériques, ces captifs allaient grossir les troupes d'esclaves ou jaam soyor dans les comptoirs de Gorée et surtout de Saint-Louis où ils servaient de vendeurs, de porteurs, etc., surtout aux mulâtres. Quelle pourrait bien être la contribution des Ngayois à l'esclavage et au développement du commerce des mulâtres de Saint Louis ?

Même si Mamadou Diouf parle de « la relative faiblesse de sa [le Kajoor] participation à ce commerce » (1990 : 80), dans leur étude de la traite des esclaves dans le Kajoor et le Bawol, Charles Becker et Victor Martin, eux, évoquent surtout « des conséquences importantes dans la désorganisation de la société traditionnelle et dans la transformation des structures sociales, politiques et religieuses » (1975 : 272).

Toujours est-il que les minorités ethniques, de par leur vulnérabilité, furent largement touchées par la traite négrière. Nombreux étaient les captifs domestiques qui s'enfuyaient de chez leurs maîtres à cause de la famine ou de peur d'être revendus. Cette fuite, qui a pris des proportions inégalées avec le démantèlement du Kajoor, a conduit beaucoup d'esclaves vers les localités émergentes (grâce à la traite arachidière) dont Ngaye Mékhé était sans conteste un des pôles économiques les plus importants du royaume.

Même après la mort de Djéri Dior Ndella (1906), le dernier prince esclavagiste du Kajoor, on voit que cette pratique n'avait pas complètement disparu du royaume, bien longtemps après son abolition en 1848. Effectivement, l'on raconte qu'un homme continuait encore à amener du Kajoor profond des esclaves qu'il vendait juste derrière l'École des garçons de Ngaye Mékhé (ancienne École 1).

Durant cette époque-là, aucun des habitants de ce territoire qu'était Ngaye Mékhé ne pouvait douter un seul instant que cet espace allait bientôt valoir son pesant d'or de par sa position géographique stratégique. Tout était encore flou, mais le développement était déjà bien inscrit dans les gènes du territoire.

II. - NGAYE MÉKHÉ : TERROIR ESCALE, TERROIR CARREFOUR

Par sa position géographique dans le Kajoor, Ngaye Mékhé est un terroir carrefour où se croisent plusieurs chemins qui mènent dans l'*hinterland*. Mais, avec le chemin de fer, il était aussi une escale de haut lieu où l'on s'arrêtait pour se ravitailler, embarquer ou débarquer des passagers ou des marchandises.

1. - Ngaye, une ville au cœur du Kajoor

Aujourd'hui comme hier, Ngaye Mékhé a toujours occupé une position géographique très stratégique. Avant même la colonisation, elle était déjà à quelques kilomètres de Lambaye, la capitale du Bawol, et à quelques encablures des anciennes capitales et lieux historiques du Kajoor, comme Ngigis, Mbul, Paleen Nded, Thilmakha Mbaakol, Paleen Pol, Risso, Tabbi, Palmew, Dekhlé, où mourut Lat Dior, etc[8].

---

[8] L'argument géographique qui justifie le plus la position de stratégique de Ngaye est le choix du président d'alors, Abdoulaye Wade (2000-2012), d'ériger la deuxième capitale du pays dans le

Ensuite, vers l'est, Ngaye s'ouvre sur les grandes villes du mouridisme que sont Touba et Darou Mousty. D'ailleurs, aujourd'hui, en période de Magal, beaucoup de véhicules en provenance de l'axe Dakar y trouvent un excellent raccourci.

Vers l'ouest, Ngaye est à une vingtaine de kilomètres de l'océan Atlantique. Une route bitumée sur cette distance qui mène à Diogo, sur l'océan, aurait permis un meilleur accès à cette zone des Niayes et conduit à une meilleure exploitation des fruits et légumes du terroir. De même, il aurait permis aux habitants de Mékhé d'avoir accès à la plage et à de nouvelles activités récréatives et économiques. L'affirmation selon laquelle « *Ajoor ajoor xamul geej* » (Le *ajoor* ne connaît pas la mer) n'aurait plus sa raison d'être. En plus, Ngaye serait comme Kilomètre 50, cette localité sur la Nationale 1, entre Pout et Sébikhotane, qui ne doit sa popularité qu'aux produits halieutiques en provenance de Kayar qu'on y vend et aux agrumes provenant du terroir.

Ngaye a aussi la même ouverture sur Baba Garage, Bambey et Fatick, célèbres localités des régions de Diourbel et Fatick. Là encore, le tracé d'un axe bitumé Ngaye-Fatick aurait également évité le long contournement par Thiès.

---

territoire. La dimension économique du choix réside dans le fait que, du nord à l'ouest, Ngaye est presque équidistante de la première et deuxième capitale du Sénégal, Saint-Louis et Dakar, et à une distance assez proche des villes sur l'axe routier, comme Tivaouane, la capitale de la Tidjania (35 kilomètres) et Thiès, la capitale du rail, à 70 kilomètres.

Carte 2
Ngaye, territoire carrefour, XIXe siècle. Source : Auteur

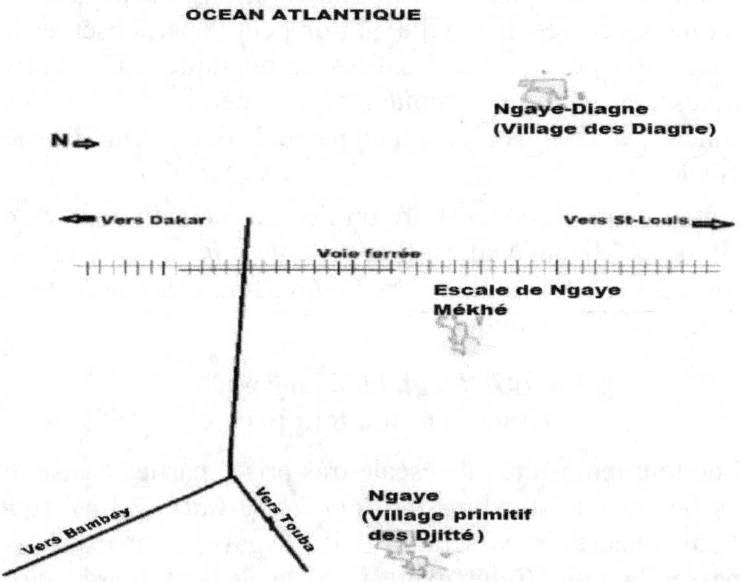

Source : Auteur

Depuis l'avènement du chemin de fer Dakar-Saint-Louis en 1885, Ngaye est devenu le passage obligé pour rallier l'*hinterland*. La notion de « ville escale », apparue à cette époque, concernait plutôt les grandes étapes des lignes du chemin de fer Dakar-Saint-Louis, et Thiès-Diourbel. L'importance de ces villes était aussi liée à la traite arachidière.

Équidistante de Dakar et Saint-Louis, Ngaye est également cette ville carrefour où les chauffeurs aiment s'arrêter pour se reposer et se restaurer avant de continuer leur voyage. Il faut dire que sur l'espace Angal Gora Diop, là où la Nationale et la Départementale (route de Saint Louis et route de Touba) font jonction, on trouve toutes les facilités dont les voyageurs peuvent avoir besoin. Il y a deux stations, de part et d'autre de la route, des superettes et des boutiques où l'on peut s'approvisionner en denrées.

Il existe surtout des restaurants des gargotes et une multitude de tabliers qui vendent de la nourriture pour toutes les bourses. Pour les véhicules, des garages mécaniques assez qualifiés sont à côté. Enfin, c'est la partie la plus animée et la mieux éclairée de la ville où l'on peut flâner, observer les va-et-vient ou faire des achats avec les files de boutiques qui vendent les fameuses chaussures de cuir communément appelées « *dallu Ngaay* ». Cette cordonnerie, *made in* Ngaye, est en passe de devenir un des moteurs de l'économie locale.

Tous ces atouts font de ce territoire un lieu de sociabilité, ou ce que le sociologue français Michel Maffesoli appelle un « *haut lieu* » (2005)[9] où les gens éprouvent le désir d'aller vers l'autre, font des rencontres ou se livrent à des activités économiques.

2. - « *Guddi guddi ngaay* » : y passer la nuit à tout prix

Ngaye a de tout temps été une escale très prisée par les transporteurs. Ces derniers ont inventé l'expression « *guddi, guddi Ngaay* » (quelque tardive que soit l'heure, je passerai la nuit à Ngaye) pour exprimer leur désir d'y passer la nuit. Cette expression, également lourde de sous-entendus, révèle une réalité bien connue des villes escale et carrefour, où le visiteur inconnu, qui ne fait que passer, aime laisser libre cours à ses instincts, sans risques d'être reconnu.

Cette mentalité routière, bien établie chez les chauffeurs, est même bien traduite par une chanson populaire que les chauffeurs aiment utiliser comme mode klaxon :

Ndobin kumba, ndobin!
Dëkk boo dem def fa luni weng,
Ndobin kumba, ndobin !

Cette chanson parle de ces chauffeurs aux mœurs légères qui se trouvent une petite amie à chaque escale et, après s'être amusés avec elles, repartent

[9] Maffesoli prend le contre-pied selon lequel en ville, l'individualisme tue le désir d'aller vers l'Autre, de se mettre ensemble. Il *évoque* les concepts de « hauts lieux » et de « petits hauts lieux », c'est-à-dire des grands et petits lieux de rassemblement pour montrer qu'il y a bel et bien une sociabilité urbaine. Voir Maffesoli, Michel. 2005. « Pouvoir des hauts lieux ». Pierre Delorme (dir). *La Ville autrement*. Québec : Presses de l'Université du Québec. pp. 29-42.

en leur laissant un bébé dans les bras, d'où le nom de « *ndobin* », cet oiseau noir de mauvais augure.

C'est cette perspective qui présente la coupe sombre des villes escale, en particulier, et des villes, en général. C'est ainsi que l'expression « *dem ngaay* », qui, littéralement veut dire « se rendre à Ngaye », sans connotation aucune, finit par connaître un glissement sémantique pour finalement signifier « aller faire l'orgie à Ngaye ».

La position stratégique de Ngaye était également liée au ravitaillement en marchandises de toutes sortes pour les Ngayois et pour gens de l'arrière-pays. Parmi ces marchandises, il y avait la boisson alcoolisée que les *ceddo* du Kajoor connaissaient déjà dès le début des échanges commerciaux avec les Européens. Les conquêtes coloniales européennes ont toujours été accompagnées de boissons alcoolisées pour un but bien précis.

Cette boisson, que les Indiens d'Amérique appelaient « eau-de-feu », pour faire référence à la brulure causée par la forte teneur en alcool, était prisée par certains guerriers *ceddo* du Kajoor, certainement pour leur donner plus de rage dans la bataille et moins de scrupules dans les razzias. C'était cela l'objectif visé par le colon : déstructurer ces sociétés indigènes pour mieux précipiter leur chute et pour mieux les asservir.

Par sa position stratégique et son dynamisme commercial favorisé par le chemin de fer, Ngaye Mékhé allait attirer, non seulement les gens de l'arrière-pays, mais aussi des migrants venant de très loin. C'est ce processus qui va éventuellement contribuer au peuplement du terroir et au besoin d'aménager l'espace.

DEUXIÈME PARTIE

MIGRATION, PEUPLEMENT ET AMÉNAGEMENT DU TERRITOIRE : 1900-1930

Le peuplement et, partant, l'aménagement de Ngaye Mékhé s'est fait sur environ quatre siècles qu'on peut diviser en deux grandes étapes : la première, plus longue et moins dense, allant d'Amary Ngoné Sobel à Lat Dior, et la deuxième, plus rapide et plus expansive, partant de 1886 jusqu'aux années 1930. Ces deux flux migratoires majeurs sur Ngaye, qui commencent avec Ndiambé Djitté et se terminent avec les Maures mauritaniens, en passant par les colons français, les populations du Kajoor profond, les Saint-Louisiens et les Rufisquois, les Soudanais et les Libano-Syriens, obéissaient presque tous à la même logique économique suscitée par la subite position avantageuse du territoire après le démantèlement du Kajoor.

CHAPITRE I

LES MIGRANTS DE LA PREMIÈRE HEURE

Avec la dislocation du Kajoor, s'annonça une dynamique migratoire interne et externe qui allait redistribuer les cartes dans les anciennes provinces du royaume. Ngaye étant sur la ligne des villes escale qui essaimaient le long de la voie ferrée, les gens de l'*hinterland*, de même que ceux des Quatre Communes de plein exercice et du lointain Soudan français affluèrent vers le terroir, tous à la recherche du bonheur, comme dans la lointaine Amérique du XIXe siècle.

I. - NGAYE AVANT NGAYE

Pour ce qui est de l'occupation du territoire, d'Amary Ngoné (1549 à 1593) à Lat Dior (1842-1886), nous ne disposons pas d'informations suffisantes. Mais si l'on sait que c'est le chemin de fer qui a véritablement fait Ngaye Mékhé, l'on peut entrevoir que, du XVIe siècle, date de sa fondation, à la fin du XIXe siècle, début de son expansion, le territoire qui allait être Ngaye ne devait être composé que de quelques hameaux sans beaucoup d'importance.

Un rapport de 1869 adressé par le colonel de cavalerie Henri Philibert Canard (1824-1894) au gouverneur de Saint-Louis en 1869 fournit quelques bribes d'informations. Dans ce document rédigé à la suite de la bataille de Mékhé (le village de Mékhé), Canard parle d'une bataille livrée aux troupes de Lat Dior « dans les environs des gros villages wolof de Mékhé » (ANS 1869). Plus précisément, ce colonel de cavalerie mentionne deux villages séparés d'environ 500 m, l'un plus important que l'autre, entre lesquels s'est déroulée ladite bataille.

Même s'il est difficile de savoir de quels villages spécifiques il s'agit au juste, l'on peut cependant retenir, plus généralement, que la bataille s'est déroulée entre Ngaye, le village fondé par Socé Ndiambé, et le village de Mékhé.

Pour ce qui est des questions démographiques, nous pouvons déduire que, de sa création à la fin du XIXe siècle, la population qui habitait la localité de Ngaye devait seulement constituer deux villages. En effet, un recensement de la population de Ngaye Mékhé en 1911 (date de son érection en commune mixte), qui évaluait la population indigène à 703 habitants (ANS, 1911), donne une idée de ce que devait être celle-ci avant le chemin de fer. Nous rappelons également qu'en 1911, les migrations sur ce territoire avaient atteint leur pic et que les quatre quartiers traditionnels étaient déjà créés.

Selon l'imam Moussa Djitté de Ngaye-Djitté, l'emplacement originel du village des Djitté se trouvait sur la bande qui longe l'actuel « *Segi tubaab* » et s'étalait vers la gare. Les Djitté auraient ensuite quitté cet espace pour s'installer vers l'actuel château d'eau où ils auraient résidé jusqu'en 1904, date à laquelle, à la suite d'un incendie qui ravagea le village, cette communauté se serait installée à l'emplacement actuel de la mosquée de Ngaye-Djitté, à environ 500 m de la voie ferrée.

L'imam fait également état d'un autre emplacement à l'est de l'actuel quartier Mbambara. Et si l'on tient compte de l'espace des gares ferroviaires coloniales, qui étaient toujours implantées loin des habitations, nous pensons que cet emplacement à l'est de Mbambara, où il y aurait encore d'anciennes tombes, était bel bien le village primitif des Djitté.

Rappelons à la suite de l'imam, que ces déplacements étaient souvent dus aux épidémies, telles que la peste qui a sévi sur la bande atlantique dès 1900. Ainsi, il est à craindre que ce village primitif des Djitté ait été volontairement abandonné et même incendié pour éradiquer l'épidémie. Et enfin, selon l'imam, arrivé à ce dernier emplacement (l'emplacement actuel), les Djitté commencèrent à réaménager l'espace autour de trois petits quartiers : Ngorit, New Ga et Thiawène.

L'un des autres villages aux environs de Mékhé en 1869 était certainement celui des Diagne, aujourd'hui devenu Ngaye-Diagne. Élimane Diagne, un des illustres descendants de cette lignée, informe que son grand-père, Mamina Diagne, s'était installé exactement là où se trouve aujourd'hui le stade municipal, un endroit naguère peuplé de baobabs et dont les derniers ont été déracinés lors de la construction dudit stade.

Mais les habitations allaient par la suite se déporter vers l'actuelle route Dakar-Saint-Louis, du côté de l'actuelle brigade de gendarmerie, à partir d'où elles s'étalèrent vers Angal Gora Diop. Il y a encore des raisons de croire que ces mouvements migratoires étaient causés par les épidémies, comme c'était souvent le cas : il est attesté qu'en 1953, un incendie ravagea Ngaye-Diagne.

De par sa légère élévation, la partie la plus proche du village primitif, celle où habitait Moustapha Diagne, le patriarche de cette communauté, était appelée Tonggoor, et l'autre, celle qui va vers Angal Gora Diop, Ngapparu. Cette dialectique de l'amont et de l'aval dans la nomination des quartiers peut également se lire comme l'image du disciple accroupi devant son maître ; une manifestation de la religiosité de cette communauté d'origine maure.

Si nous représentons sur une carte la géographie sociale de ce qui devait être Ngaye Mékhé à cette période, c'est-à-dire jusqu'en 1900, nous aurons ce qui suit :

Carte 3
Ngaye au tournant du XIXe siècle.

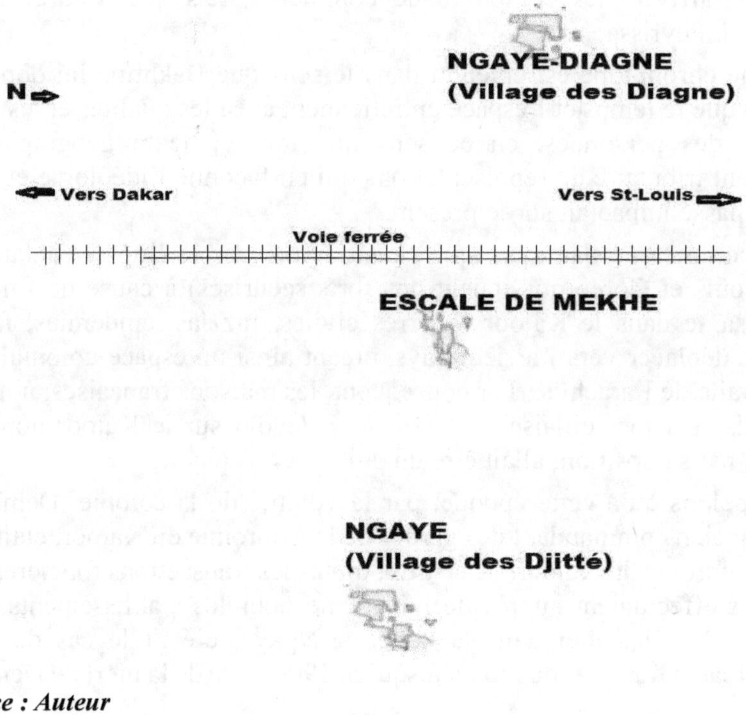

Source : Auteur

Ce qu'on voit sur cette carte n'est qu'une vaste étendue de brousse avec deux villages de part et d'autre de la gare, sur l'axe nord-sud. Mais avec l'installation des comptoirs commerciaux tout près de la gare ferroviaire au tournant du XIXe siècle, d'autres villages commencèrent à se créer autour de ce qui allait être le centre de gravité de Ngaye Mékhé.

II. - Les comptoirs bordelais et marseillais et le gros commerce

Le chronotope décrit dans la carte plus haut n'a pas vraiment évolué de manière significative jusqu'à la mort de Lat Dior survenue en 1886. Il n'y avait encore aucun élément déclencheur susceptible de briser la monotonie d'une vie moyenâgeuse et d'impulser une dynamique transformatrice du terroir, jusqu'à l'arrivée des comptoirs de commerce, tels que Maurel et Prom, Chavanel, Peyrissac, etc.

Ici, le chronotope est entendu dans le sens que Bakhtine lui donne de la relation que le temps et l'espace entretiennent avec les qualités et les activités sociales des personnes, en ce sens que tout contexte géographique est forcément tributaire de représentations qui en façonne l'idéologie et la façon dont le passé impactait sur le présent.

Le commerce atlantique, qui s'était limité sur le littoral (notamment à Saint-Louis et Gorée qui étaient des forts sécurisés) à cause de l'insécurité grandissante dans le Kajoor (guerres civiles, razzias, épidémies, famines), allait se déplacer vers l'arrière-pays, créant ainsi un espace colonial dominé par la traite de l'arachide. Par conséquent, les maisons françaises, notamment bordelaises et marseillaises, jetèrent leur dévolu sur le Kajoor dont Ngaye Mékhé, par sa position, allait être un puissant réceptacle.

Rappelons qu'à cette époque, par la volonté de la colonie, Dembar War Sall, l'ancien commandant des gardes de la Couronne du Kajoor, était devenu le chef suprême du Kajoor. À ce titre, toutes les transactions foncières dans le Kajoor s'effectuaient auprès de lui, même pour les établissements français désireux de s'installer dans la zone. À Ngaye, c'était le cas de tous les commerçants français, du moins jusqu'en 1906, date de la mort de Demba War Sall.

L'on pourrait citer en exemple la Compagnie Française d'Afrique Occidentale (CFAO) qui, le 28 mai 1897, acquit à l'amiable un terrain de 40 x 50 m à deux cents francs français (200 FF), comme l'attestent l'acte de vente signé par Demba War (Annexe 1) et le procès-verbal de délimitation du terrain (Annexe 2) établi par les deux conducteurs des travaux publics, Marius Guillabert et Gaspard Lizongar, respectivement représentant de l'administration des Affaires Indigènes et directeur de l'intérieur du Sénégal.

La CFAO, dont l'espace correspond à celui des Sallières, fut gérée par Lassère Sallières, le père de Joseph Sallières. Les commerçants ngayois As Diagne et Serigne Nar Dieng l'ont occupé tour à tour, comme pour perpétuer une solide tradition commerciale dont cet édifice fut tout un symbole économique.

Planche 1
La ville escale de Mékhé, années 1920.

Source : ANS

La photo ci-dessus circule à Ngaye. Certains semblent la dater du XVIIIe siècle, ce qui est invraisemblable. En effet, à cause de l'insécurité qui régnait dans le Kajoor, le commerce avec les Européens s'était limité sur le littoral : les maisons de commerce n'osaient même pas s'aventurer à l'intérieur des terres, *a fortiori* y construire des comptoirs. Ensuite, la voie ferrée qui aurait acheminé les matériaux de construction n'existait même pas. Alors, la seule option raisonnable qui reste est que ces bâtiments et ce puits sont construits entre 1911, date de création de la commune mixte de Mékhé, et la décennie qui suit.

Les premières installations s'effectuèrent donc tout près de la gare ferroviaire et s'étendirent vers l'est en forme rectangulaire. Dans cet espace, où l'on retrouvait les comptoirs et les demeures des colons, vivait une communauté de Français et de mulâtres. Un peu avant la fin du XIXe siècle jusqu'en 1960, date de leur départ massif, suite à l'accession du Sénégal à l'indépendance, on retrouvait à Ngaye au moins les familles commerçantes suivantes :

Tableau 1
Familles françaises à Ngaye Mékhé (1890-1960)

	Parents	Enfants	Date de naissance des enfants	Date d'entrée à l'école
01	Alexandre Cathala Marguerite Cathala	Réné Cathala Roger Cathala	19 avr. 1913 à Mékhé 4 déc. 1921 à Mékhé	8 nov. 1921 6 déc. 1929
02	Jean Georges Mme Georges	Amina Georges	1913 à Kaédy	Mars 1927
03	M. Aubiès Mme Aubiès	Annick Mouveroux	6 avr. 1921	16 nov. 1931
04	Charles Monpellier Mme Monpellier	Norbert Monpellier	10 juil. 1927 à Carcassonne	4 avr. 1933
05	Prosper Margain Élyse Cathala	Renée Margain Marianne Margain	5 jan. 1926 à Saint-Louis 26 mars 1929 à Saint-Louis	29 oct. 1934 29 oct. 1934
06	Émile Auguste Nagle Émilie Augustine Nelson	Étienne Louise Alexandrine Nagle	12 mai 1930 à Dakar	5 nov. 1936
07	Guillaume Moustey Germaine Olga	Claude Joseph Moustey	4 nov. 1934 à Paris	19 mars 1940
08	Joseph Sallières Mme Sallières	Guy Sallières Violette Sallières	1934 à Dakar Non disponible	24 oct. 1941
09	Joseph Dugrand Élène Guillabert	Pierre Jean-Jacques Dugrand	13 août 1930 à Dakar	24 oct. 1942
10	Henri Izaure Henriette Glatlie	Sans enfants	---	Non disponible
11	André Trémoulet Mme Trémoulet	Non disponible	Non disponible	Non disponible
12	Laurent HenrySarda Maria Clergue	Gilbert Jean Sarda	12 mai 1930 à Dakar	24 nov. 1936

Source : Registre matricule de l'École des garçons de Mékhé, 1921-1947

Ce tableau, qui ne révèle qu'un pan de la communauté commerçante française, montre que les Cathala, par exemple, font partie des premiers négociants à arriver à Ngaye Mékhé et les premiers à y fonder une famille, depuis 1913 déjà. Cette Élyse Cathala n'est ni la fille ni la sœur d'Alexandre Cathala, mais sa belle-sœur : la sœur de Marguerite Cathala qu'il a épousée à Saint-Louis.

Tableau 2
Familles mulâtresses à Ngaye Mékhé (1890-1960)

	Parents	**Enfants**	**Date de naissance des enfants**	**Date d'etrée à l'école**
01	Alphée Guillabert Mme Guillabert	Guilla Alphée Guillabert	7 mars 1937 à Louga	8 oct. 1945
02	André Cros Mme Cros	Émilienne Cros	20 mai 1928 à Mékhé	5 nov. 1934
03	Albert Malal Mme Malal	Jeanne Malal Yvette Malal André Malal Lucette Malal Nicole Malal	1911 1914 15 juin 1916 8 déc. 1922 à Mékhé 13 sept. 1925 à Mékhé	3 nov. 1922 13 nov. 1922 13 nov. 1922 7 fév. 1927 7 nov. 1930

Source : Registre matricule de l'École des garçons de Mékhé, 1921-1947

Le tableau 2 montre également que les familles mulâtresses, comme les Malal, sont arrivés assez tôt à Ngaye. Cette famille, certainement l'une des plus nombreuses d'entre les familles françaises et mulâtresses, de même que celle des célèbres Guillabert, ont commencé à s'installer hors de Saint-Louis après la perte du monopole du commerce mulâtre dans la vieille capitale.

Ces deux tableaux, qui ne représentent que les familles de commerçants et non toutes les communautés française et mulâtresse, donnent déjà une idée de la densité économique de Ngaye Mékhé. Chacune de ces familles disposait de son commerce propre, en plus des représentations des maisons bordelaises ou marseillaises, comme la CFAO, Maurel et Prom, Delmas, NOSOCO, Soukai, Vezia, Chavanel, Commerce africain, etc[10].

---

[10] Voir : *Annuaire des entreprises et organismes d'Outre-Mer*, René Moreux & Cie, SA (éd), 1976, 67ᵉ édition.

Quartier dénommé « Escale » dans d'autres villes du Sénégal, et non à Ngaye Mékhé, cet espace où s'est installée cette diversité communautaire a naturellement inspiré les habitants de Ngaye à lui donner le nom suggestif de « Quartier européen », même si l'on y comptait des Libano-Syriens parmi cette communauté.

L'arrivée des comptoirs de commerce dans les villes escale s'est toujours faite avec celle des gens des Quatre Communes de plein exercice : Dakar, Rufisque, Gorée et Saint-Louis. Il s'agit précisément d'une communauté d'interprètes, d'intermédiaires, d'écrivains publics, de commis, d'instituteurs, etc.

III. - Les habitants des Quatre Communes de plein exercice

Citoyens français, les gens des Quatre Communes sont allés à l'école française bien avant les autochtones, un avantage comparatif qui leur permettait d'occuper certaines fonctions dans l'administration coloniale et auprès des commerçants français. Aussi suivaient-ils ces derniers comme leur ombre.

Ngaye Mékhé compte des familles d'origine saint-louisienne dont les ancêtres s'y sont installés au début du XXe siècle. Dans ce flux migratoire, il faut aussi compter les agents au service de l'administration coloniale (voir quelques agents en Annexe 3), comme les commis, les instituteurs, les postiers, les chefs de gare, etc. Les instituteurs saint-louisiens que sont Dienoum Malick Ndiaye et Oumar Dia, respectivement premier et deuxième maire élu de Ngaye Mékhé du Sénégal indépendant, sont des exemples illustratifs.

D. M. Ndiaye est arrivé très jeune à Ngaye, en 1931, à l'âge de 21 ans, de même qu'Oumar Dia qui suivra en 1946 à l'âge de 22 ans. Ils y ont tous vécu avec leurs familles : D. M. Ndiaye en face de l'École des garçons, qui porte aujourd'hui son nom, et O. Dia, près de l'École II (deuxième école élémentaire de Ngaye Mékhé) qui, elle, porte le nom de Ndiawar Ndiaye, un autre Saint-Louisien de Ngaye Mékhé.

D'origine saint-louisienne, leur compatriote de même génération, Badara Bâ, a été commis dans l'administration locale et exerçait, à sa retraite, le métier d' « homme d'affaires » dans un cabinet près de la mairie. Cet homme élégant au teint clair était très connu et très sollicité par les Ngayois qui ne s'y connaissaient pas bien, comme on dit à Ngaye, en « *afeeru tubaab* » (affaires d'hommes blancs), c'est-à-dire en affaires administratives. Il leur servait d'intermédiaire à Ngaye, Dakar, Saint-Louis, etc.

Il faut dire que durant la période d'avant-indépendance, la majorité des Ngayois n'avaient pas vraiment voyagé au-delà du Kajoor ; les grandes villes, telles que Dakar, restaient un mystère pour eux. Aussi y faire des démarches administratives relevait-il du défi pour ces gens qui gardaient encore un souvenir douloureux du colonisateur ; d'où l'importance du travail de démarcheur qu'effectuaient les gens comme Badara Ba, qui connaissait bien l'administration coloniale.

Ensuite vinrent les *Gandiol-gandiol.* Appauvri par la perte de ses salines, sa principale source de revenu, le Gandiol, ancienne province de Saint-Louis, va également suivre le mouvement migratoire vers le Kajoor, pour profiter de l'essor économique de la traite arachidière dans cette contrée. Parmi ces familles gandioloises installées à Ngaye Mékhé dès le début du XXe siècle, l'on peut citer celle d'Adama Diagne du quartier Lébou. Né vers 1915 et décédé en 2010, Adama Diagne est certainement le plus connu des Gandiol-Gandiols à Ngaye pour s'y être installé très tôt, vers 1930, et pour avoir accueilli la majeure partie de ces migrants du nord.

Photo 1
Adama Diagne (vers 1915-2010)

Source : Archives familiales

Maguette Diagne, Moussa Fall, Badara Faye, Madiamboye Tall, Mael Sow et Maguèye Lam étaient tous originaires du Gandiol vivant au quartier Lébou. Quant à Baka Diagne, Gora Mbaye et El Hadji Diop, Gnade Mbaye, Mor Mbaye, Diagne Mbaye, ils étaient du quartier HLM, alors que Ndiouga Wade vivait à Mbambara.

Les Saint-Louisiens et les Gandiolois n'étaient pas les seuls « nordistes » à affluer vers Ngaye Mékhé. En effet, c'est dans la même période aussi que les Maures y créèrent leur « *Gaad* » (campement des Maures) dans la partie sud-est de la localité. Ces *naaru kajoor*, ou Maures du Kajoor, ont créé deux Gaad portant les noms de deux leaders charismatiques : celui de Birahim Tabane, plus à l'est, et celui de Rabah Fall, plus au sud.

Le Gaad de Rabah Fall porte également le nom de « *Gaad Raabb* » à cause de sa proximité avec les griots tisserands (*raabb*) de Ngéwel. D'ailleurs, l'ancêtre commun de ces Maures, Matar Ndoumbé, entretenait d'excellentes relations avec Matar Samb, leur voisin de Ngéwel. Mamadou Sougou, Maty Sougou, Saïd Fall, Marième Sougou, le colonel Tabane, et tant d'autres, sont des personnalités descendant de cette grande famille maure.

Dans ce fort mouvement migratoire vers Ngaye Mékhé, il faut également compter d'autres migrants des Quatre Communes : les Rufisquois. Ces populations léboues du Cap Vert s'installèrent à la périphérie sud du « Quartier européen », ce qui donna naturellement leur nom au quartier Lébou. Il s'agit des familles de Sagoné Lô, Mboye Guèye, Aliou Guèye, Yaboye Seck, Binta Djiguel Mbengue, Saer Niang, Adama Sy, Hady Samb, etc.

Il va sans dire que cette forte présence de citoyens français, de gens dits civilisés, contribua à forger une nouvelle mentalité dans le quartier Lébou et à faire de celui-ci un quartier culturellement et socialement différent des autres quartiers traditionnels de Ngaye Mékhé.

En outre, dans un élan de communauté de destin ou de solidarité ethnique, les Lébous cohabitèrent avec les Saint-Louisiens pour former une nouvelle classe sociale, après les commerçants du « Quartier européen ». D'ailleurs, leurs habitations furent construites juste à la lisière de ce quartier dont elles constituèrent la tentacule économique et sociale. À partir de ces années 20, Ngaye Mékhé commença à connaître un phénomène de gentrification. Nous représentons cette logique d'aménagement du terroir suivant ce schéma :

Figure 1
Ngaye Mékhé 1886-1930 : structure sociale de la population.

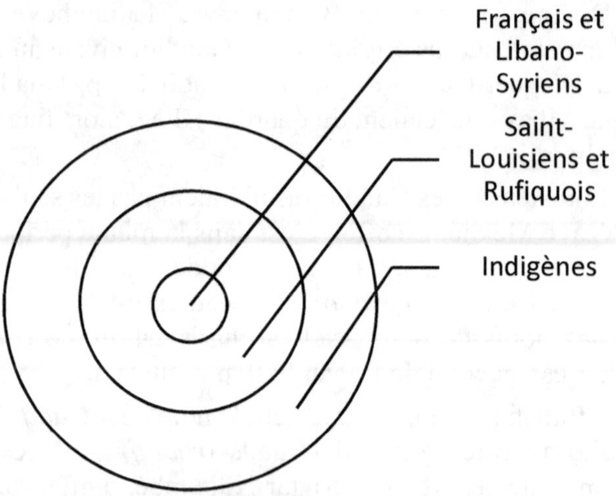

Source: Auteur

Partout où les colons se sont installés au Sénégal, l'on retrouve pratiquement la même forme d'aménagement. Dakar est certainement l'exemple le plus achevé de l'aménagement colonial des lieux. Avec l'implantation de l'administration coloniale sur le Plateau, les Lébous ont « squatté » les environs qui constituent aujourd'hui la Médina. Mais avec la naissance d'une nouvelle classe, ils ont été repoussés plus loin (vers Tilène, ou le territoire des chacals en wolof) afin de céder la place à une élite naissante et à une classe moyenne.

IV. - Les gens du Kajoor profond

C'est véritablement avec le démantèlement du Kajoor en 1886 que Ngaye Mékhé va connaître un fulgurant essor démographique et une remarquable expansion territoriale. Longtemps exposées aux razzias des *damel*, aux épidémies, aux famines, et aux exactions des Français qui voulaient les obliger à cultiver l'arachide, les masses laborieuses du Kajoor trouvèrent une aubaine dans la dislocation et la pacification du royaume. Commença alors une vague migratoire vers Ngaye Mékhé devenue un territoire administrativement et économiquement plus viable.

Ce mouvement de populations n'a pas échappé à l'administrateur du cercle de Tivaouane qui, dans un rapport de 1899, s'en inquiétait d'ailleurs auprès du gouverneur de Saint-Louis :

> « Un fait qui semble se généraliser dans toutes les escales du Cayor et que je ne saurais trop signaler à l'attention de l'autorité supérieure est la tendance qu'ont les populations du Protectorat, riveraines des territoires d'administration directe, d'aller s'établir dans les escales tout en conservant leurs lougans dans leurs lieux d'origine. Cette émigration, lente mais continue, cause un certain mécontentement aux chefs de provinces » (ANS 1899: 1).

L'ampleur de ce flux migratoire vers Ngaye Mékhé n'avait même pas épargné les anciennes capitales et les grandes localités symboliques du royaume. C'est comme à Sakh où, faute de familles d'accueil suffisantes, ce mouvement migratoire avait malheureusement conduit à la fermeture de l'école primaire, à peine un an après son ouverture, précisément le 20 novembre 1897 : « Sakh n'est point un centre de population : c'est uniquement la maison de Demba War, chef de la confédération du Cayor » (ANS 1897 : 4), confirme ce rapport en date du 5 juin 1899.

Pourtant, en guise d'incitation, Demba War avait tout fait pour mobiliser 70 à 80 élèves recrutés parmi les familles de tous les chefs de cantons et des différentes provinces du Kajoor, en leur assurant le logement. Qui plus est, dans cette politique de maintien des élèves, l'administration coloniale avait mis en place un budget de 1200 FF pour la nourriture de ces derniers. Mais, hélas, même « la famille de Demba War qui s'était chargée de préparer cette nourriture est partie », lit-on dans le même rapport.

Évidemment, pour ces chefs de provinces le dépeuplement de leurs localités était à la fois une menace à leur maintien au poste et un sérieux manque à gagner sur la perception de l'impôt collecté pour le compte du gouverneur de Saint-Louis. Aussi l'administration territoriale du cercle décida-t-elle, afin d'enrayer ce mouvement migratoire, d'appliquer le paiement de l'impôt personnel aux usufruitiers qui voulaient conserver leurs lougans. Nul besoin de dire que l'attraction que ces villes escales exerçaient sur ces masses, en particulier celle de Ngaye, était trop grande pour enrayer ce premier et massif exode rural des gens du Kajoor.

C'est ce processus qui, plus tard, en 1959, amena la descendance de Lat Dior à Ngaye Mékhé.Il s'agit plus particulièrement de Sidy Mbakhane Diop, fils de Mbakhane Diop lui-même fils de Lat Dior. Issu de la lignée princière des Diop de Thilmakha, Sidy Makhane naquit en 1919 à Nguer Malal dans le canton de Louga dont son père Mbakhane était le chef.

Photo 2
Sidy Mbakhane Diop jeune homme

Photo 3
Sidy Mbakhane Diop adulte

Source : Archives familiales

Devenu vétérinaire, comme beaucoup d'intellectuels de sa génération, Sidy Mbakhane Diop exerça à Ngaye où il vécut avec sa famille jusqu'en 1992, date de son décès.

Dans ce lot de migrants, il faut aussi signaler les Ñ*eeño*, ou artisans de castes, qui trouvèrent à Ngaye Mékhé un nouveau marché beaucoup plus porteur, qui leur permettait de vivre pleinement de leur métier. De plus, les *jaami baadolo*, esclaves du royaume (par opposition aux esclaves de la Couronne, *jaami buur*), trouvèrent enfin la liberté avec la fin du royaume. Selon Mamadou Diouf, ces *jaami baadolo* formaient « le groupe social le plus nombreux dans le royaume du *Kajoor* » (1990 : 58). À la suite des nombreux captifs qui s'enfuyaient de chez leurs maîtres à cause de la famine ou de peur d'être revendus, ce groupe social trouva à Ngaye Mékhé une terre d'asile.

Avec l'arrivée des Ñ*eeño*, il se créa aussitôt une effervescence artisanale et commerciale qui diversifia les filières, boosta l'économie marchande du territoire et, naturellement, mena à l'émergence du marché de Ngaye Mékhé, à sa place actuelle au centre-ville, à quelques 200 m de la gare ferroviaire.

Comme l'illustre la figure de l'aménagement du territoire décrite plus haut, tous ces nouveaux arrivants, ces masses laborieuses de migrants et chercheurs de travail, s'installèrent à la périphérie de Ngaye, chaque communauté cherchant à former un village à elle dédié. En fait, sur tout le territoire, on retrouvait d'importants regroupements ethniques (Bambaras, Lébous, Socés, etc.) ou socioprofessionnels qui donnaient l'aspect de villages satellitaires gravitant autour du « Quartier européen ».

Ce sont ces regroupements qui ont ultérieurement donné naissance aux quartiers Lébou, Mbambara et Ngaye-Djitté. C'est également l'exemple de Ngéwel, à l'extrême sud-est de la ville où habitent majoritairement des griots. Dans l'esprit de beaucoup de Ngayois, Ngéwel, où naquit le célèbre Mass Ndiaye, transitaire que chante Thione Ballago Seck, et que fréquentait le jeune Waly Ballago Seck, est un quartier à part entière.

Après ces premiers flux migratoires qui ont formé l'ossature démographique et spatiale de Ngaye, s'ensuivent d'autres provenant des pays de l'AOF et de bien plus loin encore.

CHAPITRE II

LA SECONDE VAGUE MIGRATOIRE

Cette seconde vague migratoire est essentiellement composée de Halpulars venant de l'ancien Tékrour, de Bambara du Soudan Français, de la Mauritanie voisine et même du lointain Liban. Ce mouvement fut grandement facilité par le chemin de fer qui ouvrit Ngaye Mékhé sur le monde.

I. - LES MIGRANTS FERROVIAIRES : BAMBARAS ET HALPULARS

Avec la construction du chemin de fer Thiès-Kayes, le mouvement *navétanes* fit son apparition. Ces migrants saisonniers de l'arachide affluèrent vers la Sénégambie jusqu'à Ngaye Mékhé par l'intermédiaire des villes escale.

Le navétanat, du wolof *naweet* (hivernage) ou *nawetaan* (les gens de l'hivernage), est ce grand mouvement migratoire de travailleurs saisonniers que connut l'Afrique Occidentale Française, globalement entre 1920 et 1960. Le Kajoor, étant à l'époque au cœur du bassin arachidier, ces migrants venaient travailler dans les champs des *ajoor* jusqu'à la fin de la saison des pluies pour, ensuite, repartir jusqu'à la saison suivante. Selon Philippe David, « aussi tard qu'en 1937, tous [ces migrants] étaient Bambaras ! » (1980 : 46).

Arrivés à Ngaye, ces migrants bambaras se sont installés dans l'extrême nord-est de la ville, à environ 500 m du « Quartier européen ». Comme c'était souvent le cas avec les masses paysannes, leur condition sociale, la nature rustre de leur habitat et de leur environnement, ou tout simplement leur volonté d'avoir assez d'espace pour entretenir un *tookoor* (petit champ clôturé à proximité des demeures) se tenaient souvent à une distance respectueuse des habitations des gens dits civilisés[11]. C'est ainsi que le quartier Mbambara, qui porte le nom de cette ethnie, fut créé.

[11] L'homme politique et historien sénégalais, Abdoulaye Ly, fait savoir que l'administration coloniale a procédé à une politique de zonage dans les années 1919-1920, qui consistait à « *séparer géographiquement l'habitat de différents groupes sociaux* » (Kandji 2013 : 60).

En vérité, les premiers migrants bambaras n'étaient pas sédentaires ; ils repartaient toujours à la fin de l'hivernage pour ne revenir que l'année suivante. Ce sont les conditions économiques qu'offrait Ngaye Mékhé et la volonté du gouvernement de l'AOF de sédentariser ces migrants, afin de mieux booster la traite des arachides, que cette ethnique commença à s'installer petit à petit jusqu'à former un village.

C'est pour accompagner cette dynamique de sédentarisation à Ngaye que l'administration du cercle s'était efforcée à forer un puits sur la place dite de la mosquée pour le confort de ces migrants : « Un puits a été creusé au village bambara qui donne d'excellents résultats » (ANS, 1913 : 4), dit un rapport de 1913 sur la commune mixte de Ngaye Mékhé.

Le village primitif de Mbambara correspond aujourd'hui à l'emplacement de l'actuel dispensaire. À cet endroit précis, il y avait le *tookoor* (jardin) de Boubou Diarra qui serait, avec sa femme KolokoTraoré, selon Fatou Diakhaté, habitante de Mbambara, parmi la première génération de Bambaras à s'y installer. Ils y furent rejoints par d'autres compatriotes et, plus tard, après l'éclatement de la confédération, par Baba Coulibaly et sa femme, Awa Mangasy, entre autres.

Pour l'ethnonyme, rappelons que dans la plupart des villes escale du Sénégal où les Bambaras ont vécu, le quartier porte le nom de Mbambara : c'est le cas du quartier Mbambara à Thiès, etc. C'est cette histoire commune, entre le Sénégal et le Soudan français, avec ses hauts et ses bas, que raconte *La grève des bàttu* (1979) d'Aminata Sow Fall.

Ces premiers migrants bambaras ont leur descendance à Ngaye Mékhé ; ce sont les familles Touré, Konaté, Kouyaté, etc. que l'on retrouve à Mbambara, ou disséminés dans les autres quartiers de la ville.

Dans cette même foulée des migrants saisonniers du Soudan français, notons également l'arrivée des Pulars venus du Fouta pour les travaux du chemin de fer. Ils s'installèrent d'abord sur la bande d'environ 40 mètres qui longe la voie ferrée, à partir de la gare jusqu'à hauteur du grand hangar de la gare appelé « Local ».

Les premières concessions à cet endroit furent celle de Bangaly Diallo, le premier cheminot, celle d'Ablaye Ndiaye, celle de Boubou Diop, et celle de Moustapha Kassé, ces deux derniers étant des natifs du Kajoor. Cet espace appelé « Kipp Ga », ou « Équipe » en français, fait référence à l'équipe que formaient ces employés du chemin de fer chargés de veiller sur la fluidité sur la ligne. On y retrouvait aussi des subalternes : passeurs de clefs au chef de gare, poseurs de pétards, agents de nettoiement des wagons, etc.

Après le lotissement de Ngaye Mékhé intervenu en 1972 et l'arrivée d'autres cheminots et cadres du chemin de fer, l'espace Kipp Ga s'étendit encore le long de la voie ferrée jusqu'à hauteur de l'actuel lycée Mourath Ndaw. Ce nouvel aménagement portait le nom de « Cité cheminots » que venaient grossir tous les cheminots qui allaient à la retraite et qui préféraient rester à Ngaye Mékhé plutôt que de repartir au Fouta ou ailleurs.

À la Cité cheminots, l'on retrouvait aussi les familles de Samba Sall, père de Sady Sall et Amidou Sall, celle d'Amadou Konaté, celles d'Ali Diallo, d'Ibra Bâ, de Jam Sy, et enfin d'Ibra Guèye, père de Pape Saliou Guèye et de mon cher ami, Ngagne Demba Guèye, très tôt arraché à notre affection. Toutefois, quelques-uns de ces employés du chemin de fer n'ont pas démarré leur carrière professionnelle à Ngaye Mékhé, mais dans des localités escale comme Kelle, Thieumbeul, etc.

Planche 2
Gare de Ngaye Mékhé, façade est.

Source: Auteur

Bien que toutes ces gares coloniales se ressemblassent, la gare ferroviaire avait sa particularité et était sans doute la plus belle architecture coloniale de Ngaye Mékhé. Le bâtiment était ceinturé par une véranda, avec un grand hall au rez-de-chaussée pour accueillir les acheteurs de tickets de voyage. Partait de part et d'autre de l'édifice un escalier qui menait à l'étage. La façade arrière, que l'on voit sur la photo ci-dessous, montre une parfaite harmonie des formes, telle que les colonnes de fer en forme de pilon qui soutiennent le balcon et la disposition parfaitement symétrique des portes de l'étage et du rez-de-chaussée. On imagine aisément la fierté et l'admiration des Ngayois qui assistaient à sa construction en 1911 et, plus particulièrement, à son inauguration.

Juste en face de la gare, se situait un jardin. Ce beau jardin de la gare était spécialement aménagé pour les voyageurs en attente du train. Et tout était fait pour rendre cette attente moins longue et moins pesante ; il y avait des banquettes, des espaces fleuris et des arbres fruitiers, tels que des citronniers, des orangers, des manguiers et des jujubiers. L'on dit que juste après les indépendances, le Jardin de la gare était encore bien entretenu, avec une clôture de grillage.

De l'esprit de ces cheminots et cadres moyens, Sady Sall, agent d'état civil et fils d'ancien cheminot, raconte qu'il ne retient fondamentalement que leur dévouement à leur métier et leur capacité de résilience pendant la grève des cheminots de 1947 et avec un brin de fierté il dit :

> « Mon père m'a raconté que c'étaient des gens qui ne reculaient pas, qu'il n'y avait pas de défaillants pendant cette grève; qu'on les avait menacés de renvoi et que l'administration coloniale avait même coupé leur salaire pendant cinq mois sans réussir à les dompter » (Entretien 2017).

Un pavé dans la mare des syndicalistes d'aujourd'hui ?

Aujourd'hui, Kipp Ga et son extension, la Cité des cheminots, font partie du quartier HLM. Du temps des quatre quartiers traditionnels de Ngaye Mékhé qu'étaient Mbambara, Ngaye-Djitté, Ngaye-Diagne et Lébou, tous ces espaces faisaient partie du quartier Ngaye-Djitté.

À cet instant de l'histoire de Ngaye, où tous les quatre quartiers traditionnels de Ngaye Mékhé et son « Quartier européen » étaient créés, on devine la nouvelle vie qui s'y développait pour la première fois : un brassage ethnique, des espaces communautaires aux ambiances et aux mentalités différentes. En effet, au-delà des limites administratives ou physiques des quartiers de la ville, ces regroupements ethniques apparaissaient comme des « frontières internes de barrières humaines reconnaissables à travers leurs mentalités et à l'ambiance qui [y] règne » (Dia 2016 : 38-), comme c'est aujourd'hui le cas dans les mégapoles cosmopolites.

Sur un autre registre, rigoureusement littéraire cette fois-ci, c'est aussi l'avis de Françoise Paul-Levy qui évoque comment Balzac, par exemple, a utilisé ce procédé dans le roman urbain pour attribuer à chaque circonscription une personnalité, une spécificité propre servant par la suite à caractériser les résidents. Aussi l'utilisation des atmosphères n'est-elle qu'un moyen de définition des espaces matériels et une différenciation des zones « non pas ... à partir de leurs limites administratives ou visibles mais à partir de leurs effets sensibles » (Paul-Levy 1984 : 59) où « le romancier vise la peinture réaliste d'une cité bien définie » (2007 : 25), selon Christina Horvath.

Une approche sociologique chercherait bien à confronter l'espace de ces différentes communautés, c'est-à-dire une mise en miroir pour établir une théorie comparative des zones urbaines et de leurs standings.

À la suite des Soudanais et des Toucouleurs, vinrent les *Naar*, terme aussi utilisé pour désigner les Libano-Syriens, par opposition au « Naar Gannaar » (les Maures de la Mauritanie).

II. - LES LIBANO-SYRIENS

Ces deux types de migrants (Libanais et Syriens), généralement désignés de façon indistincte sous le vocable de « Libanais », ont la particularité de posséder un grand flair des affaires. Tous attirés par le commerce florissant dans le Kajoor, les Libano-Syriens vont progressivement s'installer à Ngaye à partir de la première décennie du XXᵉ siècle.

Planche 3
Éts Bitros Bahini

Source : Auteur

Dans le document de Loïc Barbedette, produit par l'Union des Groupements Paysans de Mékhé (UGPM) sur les grandes étapes de l'évolution de la condition paysanne dans le Kajoor, particulièrement dans la région de Mékhé, l'auteur avance que les Libano-Syriens sont arrivés à Ngaye à partir de 1930. Toutefois, le Registre matricule de l'École des garçons de Mékhé montre bien qu'il y avait, avant 1920, une vague d'explorateurs lybano-syriens, suivie par une autre dans les années 1930. En effet, nous avons vu dans ce registre des Lybano-Syriens déjà inscrire leurs enfants dès l'ouverture officielle de l'école, le 5 novembre 1921.

À partir de 1930, cette communauté comptait plus de 2000 membres au Sénégal, alors qu'ils n'étaient qu'à 10 entre 1892 et 1897 (Alhadji 2012). Ce nombre croissant entre les deux guerres témoigne d'un contexte international de morosité économique qui ouvre la porte aux mouvements diasporiques, ces mouvements internationaux de personnes à la recherche du bonheur. Ngaye étant un terroir économiquement très attractif, il ne pouvait ne pas attirer ces migrants très entreprenants.

En recoupant les données du Registre matricule de l'École des garçons avec d'autres recherches, nous avons pu recenser les familles libano-syriennes suivantes présentes à Ngaye pendant cette période :

Tableau 3
Familles libano-syriennes à Ngaye Mékhé (1910-1960)

N°	Parents	Enfants	Date de naissance des enfants	Date d'entrée à l'école Mékhé I
01	Antoine Abib Mme Abib	Abib Doudou Hamsi	Oct. 1914 Fév. 1916	Nov. 1921 14 nov. 1921
02	Sylvain Aynié Aminata Amar	Sophie Aynié Raymond Aynié	8 mars 1916 1918	30 nov. 1921 16 nov. 1923
03	M. Antoine Zeyna Antoine	Yvette Antoine	1913	10 fév. 1922
04	Tanous Koury Wardi Koury	Jean Koury Nahiba Koury	12 oct. 1925 à Birkilane 9 déc. 1925 à Liban	4 mai 1931 4 mai 1931
05	Habib Jabourd Labiba Khoury	Habib Jabourd	13 août 1926 à Dakar	6 mai 1931
06	Bitros Bahini Malaké Akoury	Henri Bahini	15 fév. 1926 à Saint-Louis	5 nov. 1935
07	Saïd Kabaz Hélène Nimer	Henri Habib Kabaz	27 sept. 1930 à Dakar	17 déc. 1939
08	Larby Chéraïby Lohor Boughaleb	Latiffa Chéraïby Badiha Chéraïby Najate Chéraïby	5 avr. 1942 à Mékhé 1949 à Mékhé 9 avr. 1951 à Thiès	Nov. 1947 2 nov. 1955 2 nov. 1957

Source : Registre matricule de l'École des garçons de Mékhé (1921-1947)

Comme le montre le tableau, ces Libano-Syriens ont été dans d'autres villes stratégiques du Sénégal (Dakar, Thiès, Saint-Louis, Birkilane, etc.) avant d'être vite happés par l'essor économique de Ngaye Mékhé. La famille d'Antoine Abib et celle de Sylvain Aynié doivent être parmi les toutes premières familles libano-syriennes à s'installer à Ngaye Mékhé. Notons également que deux des enfants de Larby Chéraïby sont nés à Ngaye Mékhé.

III. - LES MAURITANIENS

La dernière vague migratoire vers Ngaye allait venir de la Mauritanie. Les Maures, déjà venus en exploration au temps des royaumes, allèrent, au tournant des années 50, s'y installer durablement jusqu'en 1981, année à laquelle ils durent massivement et brutalement quitter Ngaye et le Sénégal à la suite du conflit sénégalo-mauritanien, conflit causé par une banale affaire entre éleveurs sur les frontières.

Si les Lybano-Syriens étaient reconnus comme très habiles en affaires, les Maures étaient, eux aussi, très redoutables dans le commerce de détail. En l'espace de quelques années (1960-1981), après le départ des Européens et des Libano-Syriens, les Mauritaniens détenaient la quasi-totalité des boutiques à Ngaye Mékhé. Un véritable monopole économique !

Les Maures se suffisaient de peu et ne cherchaient pas vraiment à s'intégrer, encore moins à mener la grande vie[12]. Bien au contraire, ils vivaient de manière sobre et discrète dans l'arrière-cour de leur boutique, comme pour éviter d'attirer le regard sur eux. Le seul soupçon de bien-être chez ces gens était probablement les senteurs de soupe à la viande et légumes, qui émanaient assez souvent de l'arrière-boutique.

Á Ngaye Mékhé, ces Maures vivaient souvent avec un esclave noir, grand et musclé, que les Ngayois appelaient « *naaru puroon̄* », Maure noir ou beydane. Ils se disaient que ces derniers étaient musclés parce qu'émasculés pour les empêcher d'être tentés par les rondelettes mauresses. Leur condition servile se voyait au quotidien : ils faisaient le

12 Rappelons que les Ngayois, qui n'étaient pas habitués à ce mode de vie très sobre, ont vite compris que faire des affaires nécessitait un esprit économe. En effet, au départ des Mauritaniens en 1981, les Mékhois, qui ont "hérité" de l'ensemble de l'ensemble de ces boutiques, n'ont pas tardé à faire faillite en l'espace de quelques mois.

ménage, servaient le thé, vendaient de petits fûts d'eau à 25 FCFA à travers la ville. À l'époque, il n'y avait que quelques rares bornes fontaines publiques à Ngaye Mékhé. Alors, on entendait souvent ces *naaru puroonñ* crier dans les rues : « *Ndo !* », pour dire « *ndox* » (lit. eau en wolof).

Ces Maures n'étaient pas vraiment sociables. Toujours confinés dans leurs boutiques, qui étaient leur seul espace de sociabilité, ils ne se mêlaient pas aux populations locales. Quand on les voyait dehors, c'était souvent aux environs de 18 heures quand ils allaient dans la brousse voisine pour, disait-on, se soulager. Seulmeu, Birahim, Amadou Yahya, Marahba, Abdallah, etc. sont des noms dont les Ngayois se souviennent encore.

Les premiers autres Maures qui venaient à Ngaye Mékhé n'étaient pas des résidents, mais plutôt des vendeurs itinérants de sel. Jusqu'aux années 1980, on pouvait les apercevoir dans les localités du Kajoor. Ils venaient du nord, probablement des salines du Gandiol, avec des chameaux chargés de sacs de sel de cuisine. À l'époque, il n'y avait pas non plus du sel en abondance à Ngaye Mékhé, comme c'est le cas aujourd'hui, grâce aux salines de Fatick et de Kaolack qui alimentent presque tout le pays.

CHAPITRE III

NGAYE MÉKHÉ, TERRE D'ACCUEIL ET D'INTÉGRATION

Ngaye Mékhé, ou « la ville antilope », porte bien son nom. La symbolique de cet animal gracieux, qui a « l'éclat du diamant noir et la fraîcheur de l'aube, et la légèreté du vent » (Senghor, 1979 : 327), réverbère la femme dans sa forme nourricière la plus achevée. Cette symbolique laisserait également présager pourquoi Ngaye était une terre d'accueil très convoitée où les étrangers, les négociants, les administrateurs coloniaux ou les simples migrants étaient rapidement intégrés.

I. - UNE TRADITION D'ACCOMMODATION

Pour les populations du Sénégal, et celle du Kajoor en particulier, qui se sont farouchement battues contre toute forme d'acculturation, d'exploitation économique, la colonisation a laissé des stigmates douloureux. Cette résistance, traduite par « une pulsion vers des postures et attitudes culturalistes, et par un mouvement vers la préservation de valeurs du terroir qui se manifestaient jusque dans le comportement, sur les bases culinaires, diététiques, ou sartoriales et vestimentaires » (Kandji, 2013 : 45), était souvent synonyme d'une cohabitation difficile entre Blancs et autochtones. C'est cette attitude, que l'on retrouvait dans beaucoup de contrées du Sénégal, que Kandji dénote, par exemple, chez les Sérères Safènes de Sébikhotane.

Mais malgré les relations très heurtées entre les *damel* du Kajoor et l'administration coloniale, les *ajoor* étaient réputés être des gens pragmatiques qui savaient parfaitement tirer profit des situations les plus adverses. Ngaye Mékhé a hérité de cette longue tradition d'accommodation.

L'intelligence et la souplesse des Ngayois leur ont permis de vite comprendre que, maintenant le Kajoor était pacifié et que le commerce des arachides battait son plein, il leur fallait « gérer » les Blancs pour tirer leur épingle du jeu, ce qu'ils ont parfaitement réussi avec les commerçants établis à Ngaye Mékhé.

Forts de la sagesse du terroir qui dit que « *borom yat du xeex ak borom fital* » (celui qui a un bâton ne doit pas se battre avec quelqu'un qui a un fusil), les Ngayois établirent une relation de confiance avec ces négociants qui devaient probablement garder une certaine méfiance, vu la récente histoire de Lat Dior. Alors, les Ngayois et les Ngayoises commencèrent à travailler dans ces maisons commerçantes comme vendeurs, cuisiniers, lingères, gardiens, etc.

En 1951, le jeune Saliou Samb, fils de Hady Samb, était boutiquier (voir la liste des boutiquiers de l'escale en Annexe 4) chez Joseph Izaure. Aujourd'hui âgé de 73 ans, l'homme se souvient encore de son arrivée dans cette famille française :

Photo 4
Saliou Samb jeune homme

Photo 5
Saliou Samb adulte

Source : Archives familiales

« Je suis arrivé chez Izaure à l'âge de 18 ans, c'est-à-dire à moins de trois ans de la majorité (21 ans à l'époque), l'âge légal requis pour le travail salarié. Auparavant, j'étais à la gare avec le chef de gare malien du nom de Cheikh Tidiane Tall, un homme qui m'aimait bien, au point de me confier la vente des tickets.

À son départ, c'est Maguette Ndaw (la mère de Biram Guèye, résidant au quartier Lébou) qui a fait mes éloges auprès d'Izaure qui avait besoin d'un vendeur. C'est comme cela que je suis arrivé chez lui en décembre 1951.

À l'époque, les Izaure fermaient boutique pendant l'hivernage pour aller en France parce que la maman de M. Izaure supportait mal les intempéries. Cette année-là, ils me confièrent la gestion de la maison et du commerce. À leur retour, après inventaire, ils étaient très satisfaits. Je me rappelle qu'André Trémoulet, leur voisin d'en face, était venu leur dire que ce n'était pas prudent de m'avoir confié la maison, puisque que je n'étais même pas majeur. Mais M. Izaure lui répondit que j'étais différent, que je m'étais acquitté de la tâche au-delà de ses espérances » (Entretien 2016).

La relation de confiance entre Saliou et les Izaure était telle qu'à la veille de leur départ pour la France en 1964, Mme Izaure (Henriette Glatelly) refusa catégoriquement de vendre la maison à des personnalités de Ngaye, préférant la vendre à Saliou, quoique ce dernier n'eût pas la somme nécessaire à l'époque. Mais grâce à la confiance que lui faisait cette dame, Saliou Samb travailla dur et envoya régulièrement des chèques à celle-ci jusqu'à rembourser l'intégralité de la somme due.

Des colons qui vendaient leurs maisons à leurs anciens employés, ce n'était pas chose rare à Ngaye Mékhé. Alé Guèye, qui travaillait chez Maurel et Prom comme cuisinier, bénéficia des mêmes avantages. À leur départ, ses patrons, qui avaient plusieurs maisons dans le « Quartier européen », les lui proposèrent. Instituteur à la retraite, Mamadou Guèye, fils de ce dignitaire de Mbamabara, raconte :

« Mon père avait la possiblité d'acheter toutes ces maisons, mais il attachait plutôt une valeur sentimentale à celle où il avait travaillé comme cuisinier, celle qui faisait face à Chavanel » (Entretien 2016).

Un autre instituteur à la retraite, Diadji Sow, dira la même chose de son père, Ablaye Sow, boutiquier chez les Sallières. Ablaye Sow était l'ami de mon père, Djiby Dia ; c'est dans sa boutique que ce dernier nous amenait pour nous acheter du tissu à la veille des fêtes religieuses et à la rentrée des classes. Dans la chambre de mon père se trouvaient une armoire et un lit achetés aux Sallières à la veille de leur départ pour la France.

Pour consolider leurs rapports avec la communauté française, certains Ngayois donnaient le nom de leur enfant à l'un d'entre eux. Cette pratique bien sénégalaise avait poussé Latir Fall Seck, laptot chez le commerçant Bonnet, à baptiser son fils, Bonnet Seck, né en 1913, au grand bonheur de son patron. C'était également le cas de Samba Wone de « Kipp Ga », qui avait donné le nom de Marie France Cathala à sa fille. Fille de Louis Cathala, Marie France était, en 1960, la directrice de l'École des jeunes filles de Mékhé.

Une autre dimension, ludique cette fois-ci, par laquelle cette sociabilité ngayoise se manifestait était le fanal. Celui-ci était cette tradition saint-louisienne du XVIIIe siècle, une procession des signares qui allaient à la messe de minuit la veille de Noël, avec leurs servantes et chamberllans tenant des lanternes éclairées de l'intérieur avec des bougies.

Quand les gens de Ngaye s'approprièrent cet événement et l'habillèrent aux couleurs locales, le fanal devint une fête très populaire dans les années 50. Organisé dans chaque quartier, le « fanal » en question était une construction géante éclairée de l'intérieur avec des bougies et portait le nom d'un parrain parmi les notabilités de la ville, étrangères ou autochtones.

Á la tombée de la nuit, l'objet lumineux s'ébranlait à travers les artères de la ville, accompagné par les chansons des femmes. Les femmes sur la photo ci-dessous étaient très dynamiques dans l'organisation du fanal du quartier Lébou.

Photo 6
Jeunes adolescentes du quartier Lébou, années 50

Source : F. Tall

Le fanal terminait sa procession chez le parrain qui l'attendait avec toute sa famille. Ces marques d'attention et d'honneur envers la communauté étrangère participaient grandement à l'intégration de celle-ci dans le tissu social de Ngaye Mékhé.

Pour rendre ces marques d'estime et d'hospitalité, entre autres, les migrants européens se déplaçaient dans les quartiers pour rendre visite à des personnalités locales où à leurs employés, surtout lors des baptêmes et des funérailles. Bien entendu, quand le patron se déplaçait pour voir l'employé, cela était toujours vécu comme une grande marque d'honneur pour le concerné, et un objet de réjouissance auprès des voisins et de la famille.

L'occasion est venue de parler de l'une des figures les plus marquantes des comptoirs commerciaux qui vendaient des tissus, celle du tailleur indigène. Généreusement accueillis sur le perron de ces établissements, les tailleurs entretenaient d'excellentes relations avec les commerçants étrangers. La relation entre ces deux figures était basée sur ce qu'on appelle aujourd'hui un partenariat gagnant-gagnant : le tailleur bénéficiait de la renommée du commerçant pour se donner une certaine visibilité et une certaine notoriété, et le commerçant comptait sur le capital relationnel du tailleur pour faire la promotion de ses tissus.

L'autre donnée intéressante par rapport à ce genre de partenariat est qu'il débutait les prémices du "*all-in-one*" contemporain, c'est-à-dire « pack » ou « package » de services. Autrement dit, le commerçant s'agrégeait sur l'espace de son établissement d'autres services complémentaires à son commerce de sorte à créer un package. Nous donnons l'exemple des stations EDK qui, en dehors de leur fonction première de vente de carburant, s'agrège un restaurant, une mosquée, un garage mécanique, de lavage, une pâtisserie, etc. En général, tous ces services existent indépendamment en ville. Ainsi, au sortir de la boutique du commerçant, le client n'avait pas besoin d'aller ailleurs pour se faire coudre un vêtement.

Mais ces bons rapports de cohabitation ne s'étendaient pas aux seules personnalités françaises, riches et qui, de toute manière, avaient l'autorité et le pouvoir d'achat avec eux. Bien au contraire, les populations de Ngaye Mékhé semblaient naturellement portées vers l'hospitalité et ils le manifestaient aux riches comme aux pauvres. En effet, même dans l'histoire assez récente de Ngaye, les malades mentaux prenaient d'assaut la ville parce qu'ils savaient qu'ils y seraient bien traités et y trouveraient toujours à boire et à manger.

On se souvient encore de Modou Fellou qui, dans les années 1980, faisait chaque jour la navette entre son village d'origine et Ngaye. Et que dire de ce malade mental, natif de Bambey, ville voisine, qui avait même composé une chanson qui en dit long sur l'hospitalité des Ngayoises et Ngayois :

Dootuma ñibbi Bambey Seereer	Je ne retournerai plus à Bambey Serère ;
Ngay laa dëkk	J'habite désormais à Ngaye.
Seen ceep niin na	Leur riz est bien huilé,
Seen kafe ñul tang na.	Leur café est noir et bien chaud.

Mamour Djitté, le fils du traitant ngayois Mbacké Djitté, raconte que dans les années 1960, il y avait dans la cour du commerce de son père (en face l'esplanade de l'actuelle mairie) une bonne dizaine de malades mentaux à la recherche de nourriture. Parmi eux, il y avait un certain Abdou Diambar, nom issu de la représentation sénégalaise de l'ange de la mort, du fait de sa grande taille et de sa force :

> « À l'heure du déjeuner, quand le bol était posé, Abdou Diambar se levait tranquillement et venait s'asseoir autour du bol, comme tout le monde. Bien sûr, personne n'osait le chasser. En plus, mon père demandait à tout le monde de le laisser tranquille et que ceux qui n'aimaient pas la présence d'Abdou n'avaient qu'à se lever. C'est ainsi qu'on avait fini par s'habituer à sa présence autour du bol » (Entretien, 2016).

En vérité, les habitants de Ngaye ont toujours aimé les étrangers, d'où qu'ils viennent. Dans son étude des migrants de l'arachide, Phillipe David témoigne des bons rapports de sociabilité des gens du Kajoor avec les étrangers, même les *sourga*, ces travailleurs saisonniers :

> « Ils se mêlent si facilement aux familles qui les accueillent qu'on ne prend jamais la peine de les distinguer des fils cadets ou cousins qui ont le statut de sourga » (David, 1980:165).

C'est ainsi que les migrants étaient régulièrement accueillis et intégrés à la population locale, parfois avec des mariages.

L'historien Mamadou Diouf mentionne également cette sociabilité dans le Kajoor où, même malgré une forte hiérarchisation de la société, la notion d'« esclave » est à comprendre sous le prisme sociologique des rapports de convivialité (Diouf, 1990). En d'autres termes, il n'y a pas de rapport de servage, même pour les descendants des *jaam sayoor*, comme les captifs de guerre, mais de profond respect mutuel.

Toutefois, on ne retrouve pas à Ngaye de descendants d'autres ethnies qui s'y étaient pourtant assez longtemps établies, très tôt au début du XXe siècle. Nous citons Adrien Senghor, qui, en 1917 déjà, travaillait à NOSOCO. Cet époux de Diégane et Aïté était aussi le grand frère du président Senghor qui, dans son enfance, dit-on, venait passer ses vacances à Ngaye. On peut aussi mentionner James Ogo, photographe dans les années 1920, mort et enterré dans le cimetière français à Ngaye Mékhé, pour ne citer que ceux-là.

II. - Les mariages mixtes et le métissage à Ngaye Mékhé

Les formes de sociabilité que nous venons de décrire dans l'histoire des mentalités de Ngaye se prolongeaient parfois jusque dans le mariage. D'habitude, dans ce genre de relations, les colons et autres commerçants de l'époque se contentaient généralement d'exploiter la pauvreté et la naïveté des filles du pays en usant de leur ascendance. C'est le cas partout où ces gens se sont installés. Des mariages mixtes, Ngaye Mékhé en a connu, même si on n'en dénombre pas beaucoup.

Nous avons interrogé de vieilles personnes, mais il n'en est resorti que deux unions mixtes qui restent encore dans les mémoires. Il s'agit de Fatiya Mohamed Rachid, communément appelée Fatiya « Turki » parce qu'elle était originaire de la lointaine Turquie. Décédée en 2001, cette dame est arrivée à Mékhé au début des années 40, après son mariage avec Souleymane Ndiaye.

Souleymane Ndiaye était le frère du célèbre Ndiawar Ndiaye (1892-1975), opérateur aux Éts Vézia (voir la liste des autres opérateurs de l'escale en Annexe 5), et le père de Norou et d'Ibrahima Ndiaye. Comme beaucoup d'hommes de l'époque charnière pré et post-indépendance, S. Ndiaye était de cette race d'hommes qui partaient à l'aventure pour faire fortune. C'est lors de ses pérégrinations à travers le monde qu'il rencontra l'élégante Fatiya Mohamed Rachid et l'épousa.

Photo 7
Fatiya « Turki » (à gauche) jeune dame, avec une cousine

Source : Archives familiales

Voisine de Moussa Kaïré Guèye, Fatiyatou « Turki » habitait au quartier Lébou, précisément au Garage Pékesse. Sa maison en baraque (signe de confort durant la période d'avant indépendance) témoignait de son statut de femme de classe moyenne. Devenue très âgée, cette femme au teint clair avait des rayures noires à la peau, dont on disait que c'étaient des arabesques, un signe de sainteté, ou du moins de piété, dans l'imaginaire sénégalais.

Aujourd'hui, en regardant la photo de Fatiya « Turki » (ci-dessus), l'on voit parfaitement ces signes sur son bras gauche, de même que sur le bras droit de sa cousine. On découvre maintenant que ces marques sur les bras de ces dames élégamment vêtues sont des tatouages, ces signes de beauté dont les femmes sénégalaises raffolaient hier, aujourd'hui encore plus. Fatiya « Turki » avait un fils bien connu à Ngaye ; il s'agit d'Ibrahima Ndiaye (1945-2006), décédé il y a une dizaine d'années, père de Souleymane et d'Amina Ndiaye, épouse de notre ami Assane Guèye.

L'on nous a aussi parlé du couple Michel Belbor-Maguette Dia. Belbord était un Libano-Syrien qui détenait la maison située entre les Éts Saïd Kabaz et Vézia. Quant à Maguette Dia de Ngaye-Diagne, elle était la fille de Waly Dia. Une visite dans la demeure de cette dernière ne nous a pas, hélas, permis d'en savoir plus sur le couple.

Mais bien avant ces deux mariages mixtes intervenus entre 1940 et 1960, et qui sont assez connus des Ngayois contemporains, il y en avait eu d'autres qui sont moins bien documentés. C'est en consultant le Registre Matricule de l'École des garçons de Mékhé, où ils figurent à l'inscription de leurs enfants, que nous avons pu les retracer. Il s'agit d'un commerçant du nom de Madiyou Thomas, marié à Alima Dieng dans les années 1920. Nous n'avons pas pu identifier la famille d'Alima, mais nous savons que les deux avaient un fils dénommé Saliou Thomas, né le 12 mars 1935 à Kelle et entré à l'École des garçons le 21 novembre 1935. Ce mariage était mixte interethnique, car ce Madiyou Thomas était bien un Africain.

Un autre couple mixte que nous avons également trouvé est celui d'un autre commerçant, Jean Georges, marié à une autre commerçante du terroir, Aïssatou Ndongo. Ce mariage, qui a été scellé dans les années 1910, a donné au couple une fille du nom d'Amina Georges, née en 1913 à Kaedy et inscrite à l'école en mars 1927 à Ngaye.

Le dernier couple est celui du Français Sylvain Aynié et d'Aminata Amar. Ce couple a eu deux enfants qui ont tous les deux fréquenté l'École des garçons de Ngaye : Sophie Aynié, née le 8 mars 1916 et entrée à l'école le 30 novembre 1921, et Raymond Aynié, né en 1918 et entré à l'école le 16 novembre 1923. Aynié est mort en 1927 et enterré au cimetière chrétien de Ngaye.

Comme c'est le cas aujourd'hui, ces mariages mixtes étaient pour la plupart à sens unique : de la femme du terroir, moins fortunée, vers l'étranger fortuné, pas le contraire. Cette très vieille pratique trouverait son explication dans le fait que le « feeling » des femmes de basse condition est tout ce qui semble manquer aux femmes des hommes riches (Boyd, 2010 : 131). Mais les unions à Ngaye Mékhé étaient sérieuses, spontanées et fondées sur l'amour réciproque.

III. - Les Cathala, ces Français de Ngaye Mékhé

S'il y a une histoire qu'il nous plairait d'exhumer afin de la faire connaître aux jeunes Ngayois et aux gens de son *hinterland*, c'est bien celle des Cathala de Ngaye Mékhé. D'abord parce que cette famille est la toute dernière à quitter le territoire après l'indépendance en 1960, mais ensuite parce que, à elle seule, elle symbolise au plus haut point l'attachement d'une famille européenne à ce terroir et les rapports d'intégration que nous voulons illustrer à travers ce chapitre.

Alexandre Cathala naquit le 17 août 1879 à Laroque-d'Olmes, dans le département d'Ariège en France, et mourut le 18 septembre 1940 à Ngaye Mékhé où il fut enterré. Rappelons qu'il est entré au Sénégal par Saint-Louis vers 1900. Il aurait séjourné dans la vieille ville pendant une courte période avec un ascendant avant de la quitter à la mort de ce dernier, certainement emporté par la peste de 1900. Alors, le jeune A. Cathala prit son destin en main et décida résolument de se lancer dans la traite arachidière dans le Kajoor (voir son passeport en Annexe 6).

Photo 8
Alexandre Cathala en 1920

Source : Archives familiales

Alexandre Cathala arriva à Pire, un village à 10 km de Ngaye, avec sa femme Marguerite. C'est là que naquit leur premier fils, Louis Ferdinand Auguste Cathala, le 13 août 1909. C'est là également qu'il fonda sa maison de commerce en 1911, l'une des premières dans la localité. Mais c'est à Ngaye Mékhé, où il prolongea son commerce et le développa réellement, que naquirent ses deux autres fils, René (1913-1994) et Roger Cathala (1921-2013).

Les Ngayois contemporains n'ont pas vraiment gardé beaucoup de souvenirs de Louis Cathala, car, en plus d'avoir longtemps vécu à Pire pour gérer le commerce de son père, il fut retenu en 1937 en France par la guerre pendant une période de 10 ans, nous a confié son neveu, Régis Cathala, qui vient encore en pèlerinage à Ngaye. René et Roger Cathala, en revanche, y sont connus comme le loup blanc pour y être nés, allés à l'école et avoir vécu jusqu'à un âge avancé. Quand René rentrait définitivement en France, il devait avoir plus de 80 ans ; Roger suivra quelques années plus tard. Aujourd'hui, ils sont tous décédés et enterrés en terre française, très loin du terroir qui les a vus naître, grandir et vieillir.

Planche 4
La famille Cathala.

Source : Archives familiales. *De gauche à droite : Louis Cathala (aîné de la famille), Paulette Cathala (épouse de René), Marguerite Cathala (épouse d'Alexandre), Roger Cathala, Alexandre Cathala*

Alexandre Cathala, ce grand homme élégant, avait une forte personnalité qui inspirait respect et confiance. C'est ainsi qu'il a réussi à faire venir au Sénégal une partie de ses belles-sœurs et beaux-frères qui sont également des Cathala. Nous pouvons citer, entre autres, Élyse Cathala et ses frères, Herman et Hubert Cathala, qui ont tous les deux vécu à Ngaye Mékhé. Hubert, qui a également vécu à Rufisque, serait même l'inventeur du semoir d'arachides tracté par un animal, d'après les informations fournies par Régis Cathala.

En posant ces actes, Alexandre Cathala satisfaisait dans la même foulée à la logique économique coloniale qui cherchait des débouchés à ses entreprises et des emplois à ses chômeurs, ou « mange-mil », comme on les appelait à l'époque, d'après notre informateur. En effet, selon Régis Cathala :

> « Les hauts plateaux d'Ariège ont fourni aux maisons de commerce bordelaises nombre de jeunes paysans pauvres pour travailler dans les comptoirs à l'intérieur du Sénégal: Maurel et Prom, Vézia, Chavanel, Deves et Chaummet, etc. » (Entretien 2017).

Quand Alexandre Cathala établit son commerce à Ngaye, le hasard voulut qu'il s'installât à quelques mètres de la demeure de Sangoné Lô, un notable Lébou au tempérament bien connu. Les deux hommes se lièrent d'amitié et Sangoné Lô devint l'homme de confiance d'Alexandre Cathala. Comme toute personne avertie qui vient de s'installer en terre étrangère, A. Cathala savait trouver les personnes influentes pour bien tisser son réseau et bien installer son commerce dans le Kajoor.

C'est ainsi qu'il entretenait un « parcours » d'accommodation (*accomodation path*) avec El Hadji Malick Sy de Tivaouane. L'on ne sait pas exactement quelle était l'origine de ces relations, mais l'on suppose qu'elles devaient être bien amicales, au point que le français reçut des mains du saint homme de Tivaouane la célèbre photo ci-dessous que les Sénégalais connaissent tant. Régis Cathala raconte :

> « La petite histoire ou la légende, rapportée par mon père, veut que cette photo ait été donnée à mon grand-père par El Hadji Malick Sy lui-même.
>
> Cette photo était précieusement enfermée dans un coffre-fort à la maison de Mékhé. Mon père, avant sa mort, m'a fait promettre de la récupérer et de la conserver avec soin » (Entretien 2017).

Alexandre Cathala devait attacher beaucoup d'importance à cette photo (ci-dessous) pour qu'elle soit jalousement et précieusement transmise de génération en génération. Ce document est le souvenir et le symbole vivaces d'une rencontre inoubliable qui a laissé des traces indélébiles dans le cœur et dans l'esprit du Français.

Planche 5
Le marabout El Hadji Malick Sy

Sources Archives Cathala

À la mort d'Alexandre Cathala en 1940, sa femme, Marguerite, et ses fils, René Auguste Cathala (né le 19 avril 1913 à Mékhé) et Roger Hubert Nicolas Cathala (né le 6 décembre 1921), prirent l'entreprise familiale en main et s'inscrirent dans la trajectoire du père.

Natifs du terroir, René et Roger Cathala ont très tôt commencé à fréquenter les jeunes garçons de Ngaye. D'abord, sur le chemin de l'École des garçons, distante d'environ un kilomètre, ensuite, dans la cour de l'école où ils ont joué et, enfin, au quartier Lébou où, dit-on, ils allaient même à la chasse avec leurs camarades indigènes. Ces deux frères de personnalité très différente parlaient bien le wolof et connaissaient bien les us et coutumes du pays.

Photo 9
Réné Cathala en 1956

Source : Archives Cathala

René était plutôt réservé et très concentré. On le voyait rarement dehors en train de palabrer, de même que son épouse Paulette. On les voyait entrer et sortir et ne s'arrêtaient qu'occasionnellement pour échanger brièvement avec les hommes qui avaient pris pour arbre à palabres le perron extérieur de la boutique. Sans être pour autant fermés ou austères, pour ces deux personnes, le travail passait avant tout.

La nature introvertie de René expliquerait bien son amour pour la recherche, et particulièrement pour la mécanique, comme en témoignent les nombreux guides d'utilisation d'engins et de voitures de toutes sortes, que nous avons trouvés dans les archives familiales Cathala. Véritablement, René était quelqu'un qui aimait bricoler. Cette passion serait probablement à lier au séjour à Mékhé de son oncle maternel, l'inventeur Hubert Cathala.

Malgré sa nature introvertie qui pourrait bien prêter à confusion, René Cathala avait une grande passion pour Ngaye Mékhé, son terroir. La preuve, au lendemain de l'indépendance, plus précisément le 19 juin 1961, il demanda à avoir la nationalité sénégalaise (voir Annexe 7). Son souhait le plus cher était également de terminer ses jours au Sénégal, mais le sort en avait décidé autrement. À en croire Régis Cathala, aux derniers moments de sa vie, ses dernières pensées ont été pour Ngaye :

> « C'est lors d'un séjour en France, à la suite de problèmes cardiaques, que les médecins lui ont fortement conseillé de ne pas prendre l'avion. Ce jour-là, alors que j'étais avec lui à l'hôpital, il m'a dit en wolof : « Cela n'a pas de sens », en jetant un coup d'œil à travers la fenêtre, sur le mauvais temps dehors. Mon oncle René ne comptait pas définitivement rester en France. Il en fut très affecté et malheureux » (Entretien 2017).

R. Cathala a également participé au développement de la localité en sa qualité de conseiller municipal de la ville de Mékhé, élu le 27 février 1966 pour un mandat de 6 ans, sous Diénoum Malick Ndiaye (voir Annexe 8). Mais s'il y a chez cet homme une facette que beaucoup de gens ignorent, c'est qu'il était un ami du président Léopold Sédar Senghor avec qui il échangeait des correspondances. Il est bien écrit sur la magnifique photo du couple présidentiel ci-dessous, signée Sédar et Colette Senghor, « À Monsieur Cathala, avec mes pensées amicales ».

Planche 6
Le couple présidentiel Léopold et Colette Senghor

Source : Archives Cathala

La personnalité de René Cathala contrastait fort avec celle de son jeune frère cadet, Roger Cathala, malgré leurs nombreuses qualités. Ce dernier était de nature plutôt extrovertie. Lui, on le voyait très souvent en grande conversation avec les vieux sur le perron de la boutique où travaillaient Gaye Touré, le tailleur, et Abdou Diop, le boutiquier. Il était la bonne humeur dans cette maison.

On l'entendait très souvent expliquer des recettes de plantes médicinales à certaines personnes, comme le font les vieux guérisseurs du Kajoor. L'on raconte qu'il lui arrivait souvent d'en prodiguer à des malades venus acheter des médicaments dans la pharmacie Cathala, ce qui témoigne de sa générosité.

Planche 7
Roger Cathala devisant avec « Petit » Diaw

Source : Archives Cathala

En plus de sa bonne compréhension de la culture du terroir, R. Cathala manipulait à merveille les expressions très ngayoises de « *damani* » (écoute-moi), « *denga maam ?* » (Tu m'écoutes ?), etc. Nous, les garçons des années 1980, étions toujours impressionnés par ce *toubab* (Blanc) qui parlait un wolof aussi parfait que celui de nos pères. Tous les gens de l'arrière-pays, qui ne connaissaient pas Roger, étaient tout aussi saisis d'admiration. Assurément, aujourd'hui comme hier, la langue reste toujours le meilleur facteur d'intégration, exemple de cohésion sociale !

On raconte qu'un jour, alors qu'il revenait de la France, Roger loua, comme à l'accoutumée, un taxi pour le ramener à Ngaye. Pendant le trajet, le chauffeur, avec qui il échangeait de temps à autre en français, prenait le malin plaisir de lui glisser quelques insanités en wolof, rouspétant et narguant continuellement les Blancs. Alors, au moment où ils dépassaient Pire et s'approchaient de Ngaye Mékhé, en ce moment vespéral qui tirait un peu vers le crépuscule, appelé « *takasaanu suuf* », Roger s'étira et s'exclama : « *Aah, peexum kajoor maa ngook !* » (Aah, la voilà la bonne brise du Kajoor !). Le chauffeur de taxi faillit perdre le volant !

Les Ngayois, jeunes et adultes, aimaient bien cet homme blanc jovial à l'embonpoint bien dessiné. En effet, c'est à lui que nous nous adressions pour gonfler notre ballon de football quand Bouki, le gros chien marron de la famille, ne traînait pas dans les environs pour nous en empêcher. C'est à lui également que nous adressions nos lettres de soutien quand nous organisions nos bals.

Une lecture postmoderne du mode de fonctionnement de cette entreprise familiale montre que René et Roger Cathala étaient comme le ying et le yang, comme les deux hémisphères du cerveau, malgré tout ce qui les unissait : ils étaient différents, mais très complémentaires. Autant René Cathala était stricte et méthodique, autant Roger avait l'élan émotionnel nécessaire pour attirer la clientèle et la fidéliser. Daniel Goleman, qui fait autorité dans le domaine, soutient que :

> « Pour assurer des performances stellaires dans tout job, dans tout domaine, la compétence émotionnelle est deux fois plus importante que les seules capacités cognitives » (2009).

L'addition de ces deux types d'intelligence incarnée par ces deux frères a fait le succès des Cathala.

Aujourd'hui, les Cathala sont bien partis. Régis, le fils de Roger Cathala, vient de temps à autre, comme en pèlerinage dans ces lieux où s'est déroulée l'histoire de ses parents et grands-parents, en vérité son royaume d'enfance.

IV. - Les puits de l'escale : L'alimentation en eau potable

Jusqu'à l'indépendance, date de l'arrivée de l'eau courante dans la commune, Ngaye ne comptait que quelques rares puits, malgré une fulgurante croissance démographique et une expansion territoriale sans précédent dans son histoire. Si l'eau a très souvent été source de conflit et de division, comme l'a rapporté la littérature, à Ngaye Mékhé, elle a plutôt été facteur de rapprochement entre colons et autochtones.

Cette fonction était bien assumée pendant toute la période qu'a duré la traite arachidière. Ngaye avait un grand besoin d'eau du fait de l'affluence des gens de l'*hinterland*. Le « Quartier européen » était alors jonché d'ânes, de chameaux et, plus tard, de chevaux convoyeurs de sacs d'arachides. Dans cet espace, les puits des commerçants français et lybano-syriens étaient les seules sources d'abreuvoir, pour les hommes et pour les bêtes. Cette condition s'est perpétuée jusqu'à une période récente, bien après le départ des négociants, lors des *altiney Ngaay*, les marchés hebdomadaires du lundi de Ngaye Mékhé.

À l'exception du « Quartier européen », où chaque maison de négociant avait un puits, rares étaient les puits dans les quatre quartiers traditionnels de Ngaye-Djitté, Ngaye-Diagne, Lébou et Mbambara. Le quartier Lébou, par exemple, ne comptait qu'environ quatre puits : un dans la maison de Cheikh Tall, le père de Khalifa Tall, ancien directeur de l'école primaire Dienoum Malick Ndiaye, en face du *soump gui* ; un deuxième devant la maison d'Alioune Wade, le père de l'actuel maire de Ngaye, Maguette Wade ; le troisième se trouvait chez Alioune Diop, le père de Youssoupha Diop, l'actuel imam de la Grande mosquée de Ngaye. Le quatrième se trouvait près de la demeure des Kandji, exactement sur la route de Risso. La situation était similaire dans les trois autres quartiers traditionnels.

À l'exception de personnes assez aisées, comme les commerçants de l'Escale, ces puits étaient construits par les autochtones eux-mêmes sur cotisation. Après le lotissement de 1972, certains de ces puits, qui étaient jusque-là dans les rues, se sont retrouvés dans des concessions. Même avec l'avènement des branchements sociaux de la Société Nationale des Eaux du Sénégal (SONES), qui implantait un à deux robinets publics dans chacun des quartiers traditionnels, les puits du « Quartier européen », qui étaient bien couverts, servaient toujours en cas de coupure d'eau.

Quant aux puits des autochtones, ils n'étaient non seulement pas couverts, mais dès l'arrivée de l'eau courante, ils servaient de dépotoir d'ordures.

V. - LE « PUITS VICTORIA », UN PUITS PAS COMME LES AUTRES

Parmi les puits que nous avons identifiés au cours de nos enquêtes de terrain, un a particulièrement retenu notre attention : celui qui se trouve chez Joseph Izaure. Construit le 2 octobre 1910, il porte le nom de « Puits-Victoria ! », comme on peut lire sur la photo ci-dessous ; il est chargé d'histoire.

Planche 8
« Puits Victoria ! », construit en 1910

Source : Auteur

En notre qualité de professeur d'études anglophones, le nom de ce puits a aussitôt retenu notre attention. Nous avons fait le lien avec Victoria, la reine d'Angleterre décédée en 1901. En effet, nous sommes persuadé que c'est la jeune Henriette Glatlie (Mme Izaure) qui a baptisé ce puits construit quatre ans après la mort de la plus grande reine de l'histoire de l'Angleterre, pour rendre hommage à cette grande figure royale qui a marqué de son empreinte l'histoire et la culture de l'Angleterre.

S'y ajoute que la symbolique de la fleur en forme de lys gravée là-dessus est bien révélatrice. Le lys est le symbole archétypal de tout ce que représentait la femme de l'époque victorienne, c'est-à-dire l'innocence, la candeur, la pureté, la vertu, exactement telle qu'apparaît Henriette en habits blancs sur la photo de famille ci-dessous, entre ses parents. En plus, le patronyme Glatlie, qui a une résonnance anglo-saxonne pareille à *gladly* (avec joie, bonheur), réverbère bien ces valeurs de la noblesse.

Planche 9
La famille Glatlie.

Source : Archives S. Samb*. Au premier plan : M. et Mme Glatlie ; au deuxième plan : leurs enfants, dont Henriette Glatlie (Mme Izaure) au milieu.*

C'est par ce même Puits-Victoria que le malheur allait s'abattre sur la famille Izaure. Déjà étant tout jeunes, nous entendions les gens de Ngaye évoquer l'histoire d'un homme blanc qui, dit-on, s'était donné la mort en se jetant dans ce puits. Les interprétations étaient nombreuses, mais c'est Saliou Samb qui nous a enfin édifié sur cette histoire bien triste.

Joseph, qui était frappé d'une maladie incurable, était dans un état dépressif qui le faisait souffrir atrocement. Parfois, il donnait l'impression qu'Izaure avait perdu la tête :

> « Un jour de l'année 1962, alors qu'il était seul dans sa chambre sans surveillance, Izaure sortit et l'on ne savait où il était. Quand Henriette, qui était sortie faire ses courses, revint à la maison, elle le chercha partout en vain. C'est alors qu'elle eut un funeste pressentiment. Et quand elle regarda dans le puits, elle vit le corps de son mari flotter dans les eaux » (Entretien 2016).

L'affaire Izaure posa même un cas de législation religieuse à la communauté chrétienne coloniale de Ngaye Mékhé, qui attestait la thèse du suicide. Aussi l'abbé se conforma-t-il à cette thèse, et il refusa de procéder à la prière mortuaire. Finalement, c'est le médecin traitant d'Izaure, qui habitait Thiès, qui confirma que ce dernier ne jouissait pas de toutes ses facultés au moment des faits. Ainsi la prière fut dite et le corps d'Izaure fut acheminé en France.

Nous avons aussi appris par notre informateur, Saliou Samb, que, suicide ou démence, ce genre de tragédie n'était pas rare à l'époque, et il cite le cas de quelques personnes qui, pour mettre fin à leur vie, se jetaient au fonds d'un puits.

Cependant, des scandales dans les familles françaises étaient choses rares à Ngaye, du moins en surface, car, comme le Souligne Abdoulaye Sadji, à propos des colons de Saint-Louis du Sénégal,

> « Les Blancs vivant à la colonie ont l'art d'étouffer les scandales. Ils savent donner et recevoir des coups dans la sérénité la plus absolue. Tous s'inclinent devant le principe que rien ne doit transpirer qui puisse amoindrir leur prestige de colonisateurs » (Sadji, 1988: 51).

Mais si ce climat de cordialité et de bonne entente a prévalu entre les différentes populations de Ngaye Mékhé, c'était également grâce à l'entregent de dignitaires locaux à la personnalité remarquable.

VI. - LES NOTABLES LOCAUX DANS LA GESTION DES AFFAIRES COUTUMIÈRES ET MUNICIPALES

Quand les étrangers arrivaient à Ngaye Mékhé au tournant du XIXe siècle, ils avaient déjà trouvé une localité paisible où il faisait vraiment bon vivre. Faut-il encore le rappeler, « Ngaay », l'antilope dans la poésie senghorienne, est également une description de la reine de Saba dans toute sa splendeur et sa majesté : Ngaye Mékhé était un îlot de paix dont l'image a toujours été entretenue par des fils du terroir.

Rappelons encore cette phrase contenue dans le rapport de l'administrateur-maire de la commune au gouverneur de Saint-Louis, en date du 3 août 1913, qui vantait la tranquillité de la ville : « La commune mixte de Mékhé, encore jeune d'âge, n'a ni histoire ni histoires … » (ANS, 1913 : 1). L'auteur du rapport informe que malgré le fait que la commune venait juste d'être créée en 1911, Ngaye Mékhé était une localité où les gens, de nature hospitalière, ne faisaient pas d'histoires.

Cette affirmation de l'administrateur-maire en disait long sur l'état d'esprit des gens de Ngaye, car le début de l'installation des comptoirs de commerce dans les territoires du Sénégal n'avait pas toujours été facile, ni pour les colons ni pour les indigènes qui portaient encore en eux les stigmates de la colonisation. Ce mental se traduisait souvent par un rejet dont le plus éloquent était le refus de payer l'impôt.

Aussi l'administration locale comprit-elle vite la nécessité de collaborer avec les dignitaires locaux qui, eux, jouissaient d'une grande considération auprès des populations. Parmi ces notabilités de Ngaye Mékhé, on pouvait compter Diangana Djitté, Mourath Ndaw, Amadou Fall Mandiémé, Hady Samb, Alé Guèye, Momar Fama Diop, Namory Kouyaté, Dacoumba Dieng, Ndiawar Ndiaye, Amadou Bouna Fall, pour ne citer que ceux-là.

C'est de là que naquit l'idée de créer un Conseil des notables de la ville, qui regroupait au moins une des notabilités des différentes sensibilités ethniques et villageoises du territoire de Ngaye Mékhé. Il s'agit d'une justice musulmane appliquée conformément à la circulaire du 12 avril 1898, laquelle circulaire fut à l'origine de la création d'un tribunal de premier degré à Ngaye Mékhé.

Diangana Djitté, par exemple, était nommé cadi à Ngaye. Lui et des notables, comme Sileye Djitté, Ndiawar Ndiaye, Amad Diagne, Amadou Fall Mandiémé, Mbacké Djitté, Alé Guèye, Aliou, Nar, etc., se regroupaient souvent à la place publique de la mairie pour s'occuper de certaines affaires de la communauté.

Photo 10
Diangana Djitté (1900-1986)

Source : Archives familiales

Une telle nécessité se justifiait amplement. Pour preuve, après l'implantation de l'administration communale, les autorités commencèrent à dialoguer avec les notables en subvenant aux besoins de leurs localités. Au début du siècle, par exemple, l'accès à l'eau était un réel problème dans le territoire de Ngaye Mékhé à cause de la nappe d'eau très profonde, surtout en période sèche : « … j'en forerai un au village bambara de Mékhé qui est très important et dont le chef nous sera très utile … » (ANS, 1913 : 4), disait l'administrateur-maire de la commune mixte de Ngaye. Aussi forer un puits était-il l'une des stratégies les plus sûres pour avoir l'adhésion des masses, mais c'est là aussi que les notables usaient de tout leur poids en faveur de leurs communautés.

Photo 11
Namory Kouyaté (1898-1965) en compagnie de ses deux épouses et enfant

Source : Archives familiales, 1962

Namory Kouyaté (photo ci-dessus) était l'un des dignitaires bambaras les plus connus. L'allure altière de cet homme en grand boubou et bonnet noir évasé, entouré de ses deux épouses et tenant un fusil à la main, montre bien qu'il s'agit d'un dignitaire bambara.

En vérité, l'administration coloniale, qui venait de s'installer et qui ignorait presque tout des us et coutumes des gens du terroir, savait qu'elle devait plutôt faire preuve de prudence et de tact dans la gestion des affaires publiques en collaborant avec les notabilités locales.

Ndiawar Ndiaye figurait parmi ces notabilités très en vue à Ngaye durant l'époque coloniale. Rappelons que la commune mixte de Ngaye était sous l'autorité de l'administrateur du cercle de Tivaouane. Ndiawar Ndiaye faisait partie de ces hommes qui ont eu à servir d'interface dans la municipalité. Gérant des Éts Vézia, ce Saint-Louisien avait tout le profil pour assurer ce rôle dont la dimension symbolique lui conférait une certaine notoriété publique.

Photo 12
Ndiawar Ndiaye (1892-1975)

Source : Archives familiales

Pour l'histoire, rappelons que la commission municipale qui gérait la commune mixte de Ngaye Mékhé était composée de fonctionnaires ou de militaires et de conseillers municipaux musulmans, européens nommés par le commandant de cercle. ND. Ndiaye évolua dans cette commission jusqu'à la veille de l'indépendance et à l'élection de Diénoum Malick Ndiaye à la tête de la commune.

Tous ces dignitaires (Namory Kouyaté, Diangana Djitté et Ndiawar Ndiaye) que l'on voit sur les trois photos précédentes portent les marques extérieures de leur notoriété. Dans la sociologie sénégalaise, surtout wolof, le port du bonnet ou du turban est presque obligatoire chez le dignitaire : « *kilifë du def bop neen* », littéralement un notable ne se met pas tête nue.

Diangana Djitté est en tenue typiquement mouride appelée « *turki ndiareem* », un habillement en trois pièces composé d'un grand kaftan, d'une petite tunique au bout pointu de part et d'autre du cou, et d'un pantalon bouffant. Du côté gauche, à hauteur de la poitrine de l'homme, pend une médaille, le genre de décoration que l'administration coloniale décernait aux personnes ayant rendu des services à la communauté.

Ndiawar Ndiaye est, lui aussi, richement vêtu en style maghrébin, avec un turban et un *jalaba* en dessous duquel il y a une chemise en « fils boutons ». Ce mode vestimentaire est rehaussé par des lunettes blanches qui rappellent les intellectuels de l'époque, plus particulièrement les citoyens français des Quatre Communes.

Hady Samb du quartier Lébou s'inscrit dans la même mode que Ndiawar Ndiaye. Cet homme imposant et élégamment vêtu inspire respect et confiance. Il porte un joli manteau brodé sur les bords et, en dessous, une longue chemise blanche.

Photo 13
Hady Samb

Source : Archives familiales

Aujourd'hui, certaines écoles primaires portent le nom de certains de ces dignitaires : l'ancienne École des jeunes filles est devenue École Ndiawar Ndiaye et l'ancienne École 4 de Ngaye-Djitté porte désormais le nom de Diangana Djitté. Nous pensons que la municipalité de Ngaye Mékhé devrait continuer cette grande œuvre de résurgence des figures historiques et emblématiques du terroir.

Ils sont nombreux les valeureuses filles et valeureux fils de Ngaye qui méritent un hommage et une reconnaissance de la part des Ngayois. Cela est d'autant plus important que neuf écoles publiques de Ngaye Mékhé portent des numéros comme nom : six écoles primaires sur dix et trois collèges d'enseignement moyen sur quatre. À côté de ces dignitaires coutumiers, l'on devrait également penser aux personnalités politiques et aux sommités intellectuelles.

En tout cas, dès son installation, l'administration coloniale, elle, avait détecté ces ressources humaines de qualité à Ngaye et avait vite fait de solliciter leur aide en les regroupant au sein d'un Conseil. Ngaye étant la cinquième commune mixte après Thiès, Tivaouane, Louga et Ziguinchor, et la onzième en AOF, dit-on, il n'y a pas de doute que ce mode participatif de gestion des communautés indigènes et des conflits ait servi de modèle à l'échelle du pays. On découvre par ailleurs la même stratégie dans le cercle de Niani-Ouli où M. Robert, l'administrateur du cercle, explique au Directeur des Affaires Indigènes comment il avait réussi à gérer les conflits entre Peuls, Mandingues et autres populations du territoire :

> « J'ai donc pensé que le mieux serait de soumettre les affaires de ce genre au Cadi qui, dans ces cas-là, s'adjoindrait un notable Peul et un notable habitant le village. Le Cadi pourra ainsi établir la punition suivant les principes du Coran, le peul suivant les coutumes de sa race, et le notable du village suivant les usages dans le pays. Ils pourront ainsi à eux trois rendre un jugement équitable que je pourrai d'ailleurs réviser lorsque la chose sera nécessaire » (ANS, 1897: 41).

Ce mode de gestion des affaires coutumières, qui s'inspire des traditions ancestrales, est certainement la meilleure forme de règlement des conflits au sein de la communauté, hier comme aujourd'hui. Il permet de cerner l'affaire en question sous différents angles pas toujours évidents pour celui appelé à prononcer un jugement. En effet, les êtres humains agissent et perçoivent le monde au travers d'un prisme culturel particulier qui transcende la nature humaine[13].

[13] Selon l'anthropologue Gert Hofstede, l'identité de la personne est constituée par trois éléments que sont la nature humaine (les valeurs que partagent tous les êtres humains), la culture (celles que partage le groupe social) et la personnalité qui, elle, est propre à chaque individu.

Grâce à la forte personnalité de ces facilitateurs ngayois, les populations s'adressaient volontiers aux cadis qui enregistraient journellement des jugements qu'ils faisaient appliquer sans difficultés (ANS 1898), ce qui rendait fluides les rapports entre l'administration locale et les indigènes. Par leur ouverture d'esprit et leur expérience de la vie, les dignitaires de Ngaye se chargeaient de diligenter certaines politiques de l'administration locale auprès des populations tout en préservant les intérêts de ces dernières.

À en juger par un rapport en date du 30 juin 1913, cette médiation a toujours été rondement menée par ces notabilités, car « L'esprit des poplations est bon à Mékhé » (ANS, 1913 : 2). À en croire un autre rapport de 1911, cet esprit serein des Ngayois serait une disposition naturelle chez eux, même au plus fort de la tourmente :

> « Les vols se sont produits plus nombreux dans l'escale de Mékhé par suite de l'absence d'un agent européen de la police, mais le bon vivre n'en a pas souffert » (ANS, 1911 : 4).

Contrairement à certaines localités de l'époque, les Ngayois avaient très tôt comprit l'intérêt qu'il y avait à s'acquitter de l'impôt, comme en attestent les différents rapports de l'administrateur-maire au gouverneur de Saint-Louis : « La situation financière de la commune est excellente » (ANS, 1912 : 3), « La marche ascendante de ses ressources financières ... » (ANS, 1913 : 1), etc. En effet, avec le recouvrement, l'administration pouvait financer des ouvrages collectifs, tels que le forage de puits, l'édification d'édifices publics ou la délivrance de services sanitaires, etc., qui étaient d'une grande utilité pour les populations de Ngaye Mékhé.

Ainsi, au-delà des valeurs de courage et de témérité si chères aux gens du Kajoor, c'est cette intelligence sociale dont faisaient montre ces personnalités que nous venons de citer, cette capacité qu'elles avaient à retourner les situations les plus adverses à leur avantage qu'il faut aussi comprendre la notion de « *Goney Ngaay* » qui, littéralement, signifie « Les enfants de Ngaye », « Les fils de Ngaye ».

Pour mieux cerner la personnalité de ces dignitaires ngayois et l'aura qu'ils dégageaient, il faut les percevoir de l'extérieur. Meuck Tine est âgé de plus de 80 ans et habite à Mérina Ndakhar, à environ 5 km à l'est de

Ngaye, sur la route de Touba. Ce chef de village se souvient encore de ces dignitaires de Ngaye Mékhé :

> « Ah, qu'ils étaient magnifiques ces hommes-là ! Il fallait vraiment les voir. Majestueusement habillés en grand boubou, avec un bonnet ou un turban sur la tête, ils marchaient au beau milieu de la route entourés par une petite cour. Il se dégageait d'eux une telle noblesse et une telle grandeur qu'on les aurait pris pour de grands marabouts ou des chefs de canton. Les voilà les modèles, Alé Guèye, Doudou Sakho, Lamine Sylla, Monde Diouf, etc.
>
> Il fallait voir Lamine Sylla chez Kabaz. Il était tellement élégant que, même si vous n'aviez pas l'intention d'acheter, il vous donnait envie d'acheter. Ah, mon Dieu ! Rencontrer et contempler ces personnalités valait tout le déplacement jusqu'à Ngaye. C'est l'une des raisons qui faisaient que les gens aimaient s'y rendre.
>
> Un jour, j'ai sellé mon cheval pour me rendre à Ngaye chez Alé Guèye. Quand je suis arrivé chez lui, je l'ai trouvé en train de psalmodier le Coran. Sa voix était si belle qu'il m'était impossible de l'interrompre. Je l'écoutai pendant un moment, ensuite je rentrai chez moi sans lui dire l'objet de ma visite » (Entretien 2017).

Ces paroles décrivent parfaitement le portrait d'un autre Ngayois, Amadou Bouna Fall, ancien secrétaire municipal et descendant des familles princières du Kajoor. Son fils, Babacar Fall, professeur d'histoire qui a pris sa retraite au ministère de l'Enseignement supérieur, se souvient encore de l'allure fière de Bouna Fall et de l'escorte qui l'accompagnait lors de ses déplacements.

Cet homme élégant, que ses proches appelaient « Le dernier *damel* », est richement vêtu : grand boubou brodé posé sur une petite tunique brodée aux « fils boutons », et un long et joli bonnet bien vissé sur la tête. Ce regard droit et sûr de lui est celui d'un homme issu d'une tradition guerrière, comme son jeune frère, Assane Fall, ancien député et sénateur (sous le régime d'Abdoulaye Wade), lui aussi très connu par les gens de Ngaye pour y avoir été un homme politique réputé.

Photo 14
Amadou Bouna Fall (1921-1988)

Source : Archives familiales

Tous ces anciens dignitaires de Ngaye Mékhé étaient des hommes courageux, influents et épris de paix et de justice, d'où le grand intérêt que leur portait l'administration coloniale territoriale. Si aujourd'hui le système judiciaire n'incorpore pas cette dimension inclusive et participative dans la gestion des conflits, les notions de dialogue des cultures, de pratiques interculturelles, elles, sont revenues au-devant de l'actualité dans le cadre de la prévention des conflits, du choc des cultures et, plus généralement, dans le cadre de la citoyenneté mondiale.

Comme on le constate, Ngaye Mékhé a une longue tradition d'accommodation et d'intégration qui a donné à chaque étranger la chance d'être bien accueilli, et aux autochtones l'occasion de s'ouvrir à d'autres cultures et de s'enrichir. De ces interactions sont nées des relations fraternelles et des liens du sang, mais aussi des opportunités uniques pour se faire une place au soleil.

CHAPITRE IV

L'ESPACE COLONIAL, ESPACE MARCHAND ET DE SOCIABILITÉ

Nous appelons « espace colonial » les différentes zones d'occupation de la colonie française à Ngaye, qu'elles soient zones d'habitation ou zones commerciales ou simplement de divertissement. Cet espace a reconfiguré la morphologie du terroir et influencé les rapports sociaux et économiques qui, jusque-là, avaient régulé la vie quotidienne à Ngaye Mékhé.

I. - LE « QUARTIER EUROPÉEN » : ARCHITECTURE ET ESPACE SOCIAL

Le « Quartier européen » est cet espace à la fois commercial et résidentiel, l'espace le plus dense de Ngaye, qui concentre la population étrangère, française ou libano-syrienne, et aussi l'essentiel des activités économiques. C'est un espace qui vit à son propre rythme et obéit à ses propres codes et conventions. Grâce à des personnes ressources témoins de cette époque, nous avons pu reconstituer ce quartier et faire l'inventaire de l'essentiel des établissements de commerce et des commerçants qui y résidaient, et en quelque sorte son ambiance.

Le « Quartier européen » est encadré par trois quartiers : Ngaye-Djitté, au nord-ouest, Lébou, au sud-ouest et Mbambara, au nord-est. Sa superficie (environ 800 m sur 500 m) en forme rectangulaire, qui s'étale d'ouest en est, part du croisement de la voie ferrée et de la route de Touba et se prolonge tout droit vers l'est jusqu'à Angal Mor Fama, à hauteur du domicile de Lamine Niang, ex-adjoint au maire. De là, le périmètre de cet espace bifurque à gauche, vers le nord et débouche sur la rue derrière l'école Dienoum Malick Ndiaye, à partir d'où il rejoint, tout droit, la voie ferrée, à hauteur de la gare ferroviaire, qui constitue sa frontière nord-ouest.

Ce quartier se signale aujourd'hui encore par ses bâtisses coloniales, un espace au sein duquel se trouvait aussi le hall du marché. Avec l'ouverture qu'occasionnaient le rail et les activités commerciales et artisanales de toutes sortes, un grand espace marchand, qui dépassait de loin le hall du marché de Ngaye et ses environs immédiats, se créa naturellement. Il était approvisionné, en plus des produits venant de la métropole, par les produits de l'arrière-pays, mais aussi par ceux en provenance de Dakar, des Niayes, de Saint-Louis et même du Soudan français.

Dans cet espace colonial, les maisons pavillonnaires, aux tuiles marseillaises rouges et au toit en forme de « v » renversé, étaient à la fois maisons de commerce et habitations des commerçants étrangers. Le bâtiment principal était toujours construit dans un angle de la maison qui jouxte la rue de manière perpendiculaire, créant ainsi une arrière-cour assez vaste d'environ 50 mètres sur 40, pour accueillir les attelages en provenance de l'*hinterland* venus vendre leurs arachides.

Planche 10
Éts Henri Izaure

Source : Auteur

Le mur de clôture, qui pouvait aller jusqu'à deux mètres de hauteur, dépassait toujours celui des autochtones. Il était bordé de bougainvilliers qui, avec leurs feuilles vertes et leurs fleurs de couleurs roses et rouges, offraient une esthétique végétale rémanente du jardinier architecte.

Dans la cour de ces maisons, on retrouvait le même décor familier qu'étaient le puits et la bascule. En ces temps de traite arachidière, la bascule était certainement l'élément central autour duquel le commerce était organisé. Quant au puits, il était un adjuvant essentiel de la gare et du commerce, surtout pour les paysans qui passaient des heures à la bascule et dont les montures étaient parquées à l'intérieur et tout autour du comptoir de commerce.

Dans le « Quartier européen » se trouvaient deux types de bâtisses : la maison pavillonnaire et celle à étage. Pour le premier type, la maison de Joseph Izaure (photo ci-dessus), derrière les Cathala, jouxtant les PTT et la voie ferrée, était sans aucun doute l'une des plus remarquables par son architecture et sa majesté. Contrairement aux autres toits des maisons du « Quartier européen », celui-ci était fait de tuiles de couleurs rouge et verte, savamment assemblées, avec, sur le fil du « v » renversé, de petits minarets qui réverbèrent les palais orientaux.

Saliou Samb, fils de Hady Samb, du quartier Lébou, est arrivé chez les Izaure à l'âge de 18 ans comme vendeur. Lui aussi confirme cette esthétique architecturale de la maison des Izaure : « On m'a raconté que, quand la maison a été achevée, les gens se rassemblaient dans la rue pour la contempler », nous confie-t-il. Cette nostalgie du passé expliquerait certainement pourquoi cet homme, qui habite le quartier Lébou, préfère encore passer ses journées dans cette maison qu'il a finalement acquise des Izaure, juste avant leur départ en France.

Quant à l'autre type de bâtisse, la maison à étage, elle était toujours scindée en deux parties. La partie inférieure, avec ses grandes portes, servait de boutique pour le commerce, tandis que la partie supérieure, avec un balcon et ses grandes fenêtres qui donnaient sur la rue, était la résidence du négociant, comme l'établissement des Cathala ci-dessous.

Planche 11
Éts Alexandre Cathala

Source : Auteur

Pour la première fois, les autochtones voyaient des maisons en hauteur s'élever sur leur terroir, plaçant ces négociants au-dessus de la platitude et leur conférant pouvoir altier dans l'imaginaire de ces derniers[14]. On imagine l'émotion de ces indigènes quand, l'après-midi, ils regardaient les couples assis sur les balcons en train de prendre le café et d'admirer le spectacle de la rue grouillante qui se vidait peu à peu au moment où le soleil vespéral déclinait.

[14] Ce style architectural, qui exprime le pouvoir et la centralité, fait dire à Bachelard : *« Toute valorisation n'est-elle pas verticalisation ? »* (Bachelard cité par Durand 1992 : 138).

Planche 12
Éts Commerce africain

Source : Auteur

L'écriture romanesque d'Abdoulaye Sadji décrit de façon réaliste cette vie sur le balcon chez les mulâtresses de Saint-Louis, envieuses et en quête d'ascension sociale. L'heure du balcon étant les rares moments où la famille, enfin réunie, se détend après une dure journée de travail. Alors, tous les événements de la journée, bons et surtout mauvais, y sont commentés avec passion : « De balcon à balcon, comme des balles de tennis, les réflexions partent en caravane, lourdes, pleines de sombres pensées » (Sadji, 1988 : 97).

Planche 13
Chronotope du « Quartier européen » de 1900 à 1960

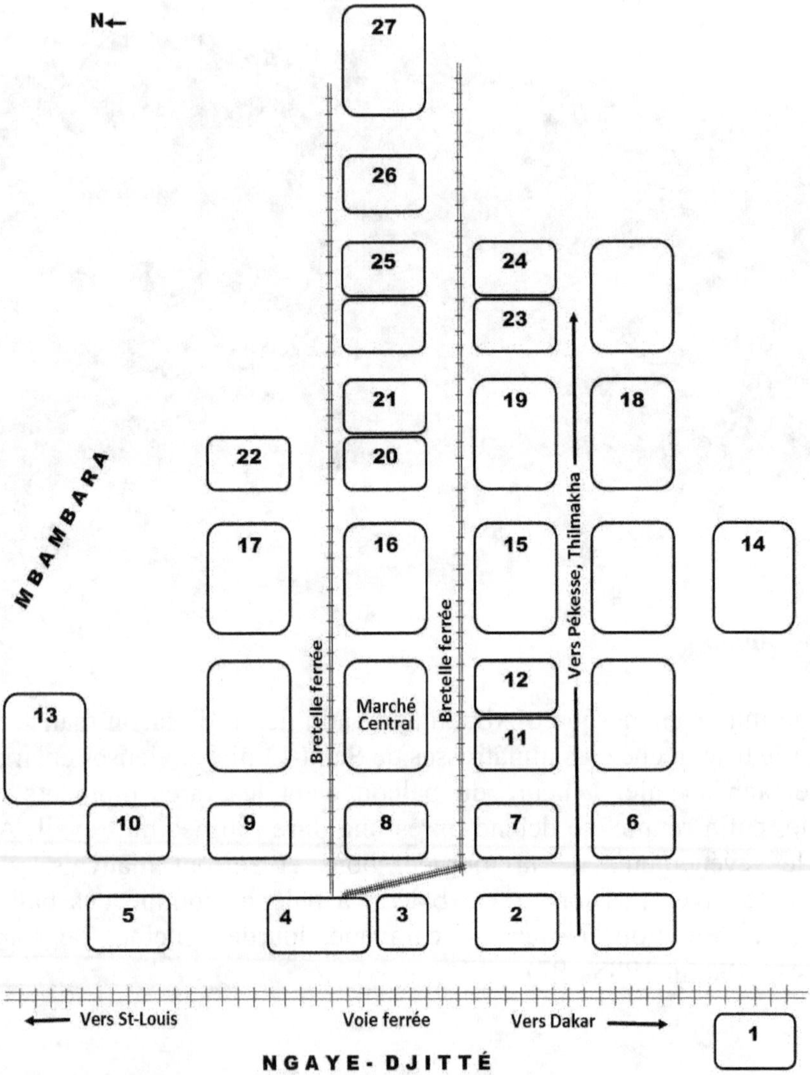

Source : Auteur

Légende :

1. Cimetière coloniale
2. Éts Joseph Izaure
3. PTT
4. Quai de la gare
5. Gare ferroviaire
6. Éts Alexandre Cathala
7. Éts André Trémoulet
8. Éts CFAO
9. Éts Emile Nagle
10. Police
11. Éts Barthès
12. Éts Vézia
13. Décortiqueuse des Sallières
14. Décortiqueuse des Cathala
15. Éts Saïd Cabaz
16. Éts Maurel et frères
17. Éts Maurel et Prom
18. École des jeunes filles
19. Éts Chavanel
20. Éts Bitros Bahini
21. Éts Maurel et Prom
22. Dispensaire
23. Éts Commerce africain
24. Éts NOSOCO
25. Éts Pélé Fi
26. Éts Peyrissac
27. École des garçons

L'architecture de ce type d'édifice, comme les autres édifices coloniaux en général, se signalait du reste par sa structure robuste, renforcée par une charpente en fer ou en madriers épais. Avec un tel paysage qui s'éloignait carrément de l'architecture environnante constituée de baraques et de huttes, il n'était pas étonnant que dans l'imaginaire collectif autochtone, cet espace escale revêtît l'appellation de « Quartier européen ».

Dans cet espace social travaillaient des Ngayoises et de Ngayois. Les femmes y étaient généralement des lingères (Magatte Ndaw du quartier Lébou était lingère des Cathala) et non des servantes, comme on aurait pu s'y attendre. Les femmes blanches avaient-elles peur pour leur époux, ou étaient-ce les autochtones qui ne faisaient pas confiance aux Blancs mâles ? Toujours est-il que dans la plupart des maisons françaises, la cuisine était tenue par des hommes, comme Birane Gaye, chez les Cathala, et Alé Guèye, chez Maurel et Prom, entre autres.

S'il arrivait à ces commerçants étrangers de vouloir sortir pour manger et vivre des moments de sociabilité avec leurs compatriotes, la maison de Joseph Izaure était le lieu tout indiqué. Joseph Izaure, qui était auparavant opérateur aux Éts Vézia, un établissement bordelais, ouvrit une nouvelle page de sa vie quand il épousa Henriette Glatlie, la fille du restaurateur, Henri Glatlie. Ainsi Izaure quitta Vézia et s'engagea dans la restauration avec son épouse. Une partie de la demeure d'Izaure fut rapidement aménagée en restaurant qui servait des plats occidentaux.

Henriette et son mari se faisaient un devoir de conserver le lien ombilical culinaire, pour ainsi dire, avec la métropole. C'est chez Izaure qu'on pouvait trouver tous les Français qui y venaient pour rencontrer leurs compatriotes, pour manger ou pour faire la fête. Dans la cour de la maison pendait une grosse cloche qu'on sonnait pour informer de l'heure du déjeuner ou du dîner. Comme la cloche de Massaer Gackou de Ngaye-Djitté et celle de Moussa Kaïré Guèye du quartier Lébou qui indiquaient les heures de prières, cette cloche des Izaure participait à l'organisation de l'espace sonore. D'autres régulateurs spatiotemporels étaient le train, le chant du coq, etc.

Aujourd'hui encore, la littérature rappelle comment les femmes immigrées, comme Henriette Glatlie, restent « le cordon ombilical culturel et identitaire avec la communauté d'origine » (Dia, 2015 : 173), grâce à la gastronomie. Le romancier anglais contemporain, William Boyd, par exemple, l'illustre à travers la famille Blocj, famille immigrée roumaine qui vit à Fulham à Londres : Rebeka cuisinait de la viande, du ragoût et du goulash, du jambon salé et faisait une variété épicée de saucisses qu'elle vendait à d'autres familles d'immigrants à Fulham qui désiraient un authentique plat de chez eux (Boyd, 1998: 57).

En conservant leurs traditions culinaires, ces femmes se ressourcent et conservent par la même occasion le lien avec la communauté immigrée d'origine. Aussi, pour la communauté coloniale française de Ngaye Mékhé, le restaurant d'Henriette Glatlie était-il, à l'instar des restaurants anglais, américains ou parisiens contemporains, le seul endroit où l'on vend cet héritage ancestral.

Sans être exhaustif, citons quelques commerces célèbres du « Quartier européen ». Alexandre Cathala était un commerçant marseillais arrivé sur ce terroir au début du siècle. Son établissement, jouxtant Garage Pékesse, vendait des biens de consommation et d'équipement. Dernière famille française à quitter Ngaye Mékhé, les Cathala, de toutes les familles françaises et libano-syriennes, sont les plus connus des Ngayois contemporains. Naturellement, pour cette raison, ils sont la famille sur laquelle nous disposons le plus d'informations.

Les Cathala étaient des Marseillais qui tenaient une grande boutique en bas de l'étage, gérée pour la dernière fois par Abdou Diop demeurant au quartier Lébou. Parmi les nombreuses personnes ayant travaillé dans la maison des Cathala, l'on peut citer le cuisinier Birane Gaye du quartier Ndiop, les chauffeurs Djiby Thiandoum et Samba Fall du quartier Lébou, le mécanicien-garagiste Modou Sène et la lingère Magatte Ndaw du même quartier Lébou, etc.

Les établissements Maurel et Prom faisaient partie des établissements les plus présents à Ngaye Mékhé. Ce commerce, créé en 1831 par les cousins Hilaire Maurel et Jean-Louis Hubert Prom, était une maison bordelaise qui, en 1890, possédait déjà plusieurs commerces en Sénégambie, et était l'un des établissements les plus prospères en AOF au XIXe siècle. Comme la plupart des comptoirs établis à Ngaye, ils faisaient du commerce général et de l'import-export. Le célèbre traitant, Alé Guèye, demeurant au quartier Mbambara, y avait travaillé comme cuisinier—voir la liste des traitants de Ngaye en Annexe 9.

Planche 14
Éts Maurel et Prom

Source : Auteur

Présent à Ngaye Mékhé vers la fin du XIXe siècle, Maurel et Prom, qui faisait face aux Éts Chavannel (qu'a occupé plus tard Alé Guèye), sera l'un des titres fonciers que détenaient ces commerçants à Ngaye.

Les Établissements Peyrissac étaient des commerçants français établis à Ngaye, près de l'École des garçons, à l'emplacement de l'actuelle maison des Bocoum. Ce commerce, dont le siège social se trouvait à la rue Parchappe à Dakar, était spécialisé dans l'importation et la distribution de biens de consommation, d'équipement et de véhicules. Dans cet établissement travaillaient l'opérateur Amadou Abdou Ndiaye et les boutiquiers Ibra Abdoulaye Thiaw et Ibrahima Bocoum.

Le Saint-Louisien Amadou Ndiaye Ndack était bien connus des Ngayois. Nous donnons en Annexe 4 la liste de quelques établissements français et leurs boutiquiers présents à Ngaye Mékhé durant l'époque coloniale.

II. - LE CIMETIÈRE FRANÇAIS

C'est à cette période de début du XXe siècle qu'un cimetière colonial, accompagné d'une église, a été construit, le long de la voie ferrée à quelque 100 mètres de la demeure des Cathala. Une visite des lieux nous a permis de dénombrer quelques tombes de colons. Sur les épitaphes encore lisibles, la plus ancienne date de 1911, et la plus récente, de 1940.

Planche 15
Le cimetière colonial de Ngaye construit début 1900

Source : Auteur

L'épigraphie révèle également la patronymie et les dates de décès suivantes : Antoine Lallou (1911), Albert Latrilhe (1920), Marianne Marius Cros (1922), Lucile Huc (1924), Sylvain Aynié (1927), Albert Cappola (1927), Irma Nagle (1928), Paul Kerny Sarrazin (1933) et Alexandre Cathala (1940).

Les épigraphes de Marianne Marius Cros et d'Albert Cappola fournissent des informations intéressantes. Nous affirmons que Marianne Marius Cros, qui devait être l'épouse du négociant, André Cros, était mulâtresse originaire de Saint-Louis et qu'elle et son mari se sont installés à Ngaye Mékhé un peu avant 1920, avant qu'une épidémie ne l'emporte, elle, en 1922. Elle était une de ces *signares*, personnages féminins légendaires issus d'un mariage mixte entre Français et Saint-Louisienne autochtone.

Rappelons les catastrophes et les épidémies qui ont rythmé la vie des habitants de Ngaye Mékhé pendant la première moitié du XXe siècle. Il y eut d'abord le grand froid occasionné par les pluies en saison sèche (*ëgg*) de 1905, la grande famine de 1912, l'épidémie de rhume de 1915, la peste de 1918, une autre grande famine en 1920, un autre grand froid en saison sèche en 1921, une épidémie de fièvre jaune en 1926, le grand vent de 1927, etc. (ANSD, 2013).

Cette période épidémogène avait emporté beaucoup de personnes parmi lesquelles des gens de la colonie. Nous relevons également que c'est la peste des années 1920 qui a emporté le jeune Albert Cappola, conducteur de travaux de la Compagnie Française d'Afrique Occidentale (CFAO), né à Marseille le 30 mai 1902 et décédé à Mékhé le 7 novembre 1927. Ce jeune homme, qui gît dans ce cimetière catholique, mort à la fleur de l'âge, fait partie des nombreuses personnes décédées des suites de l'épidémie.

Á Ngaye Mékhé, il y a la séparation nette entre cimetières musulmans et cimetière catholique, contrairement à certains cimetières pré-coloniaux mixtes, comme il en existait à l'Ecole William Ponty de Sébikhotane, à Joal et à Ziguinchor.

Avec le temps, et avec la démographie galopante, les quatre quartiers traditionnels que sont, rappelons-le, Ngaye-Djitté, Ngaye-Diagne, Lébou et Mbambara, se peuplèrent et s'élargirent davantage. Cela va conduire à de nouvelles affinités qui vont affecter le vivre ensemble et procéder à un remodelage sur le plan urbanistique. En effet, devenus trop obèses, ces quartiers vont être scindés pour faciliter leur administration.

Carte 4
Configuration de Ngaye Mékhé en 2017

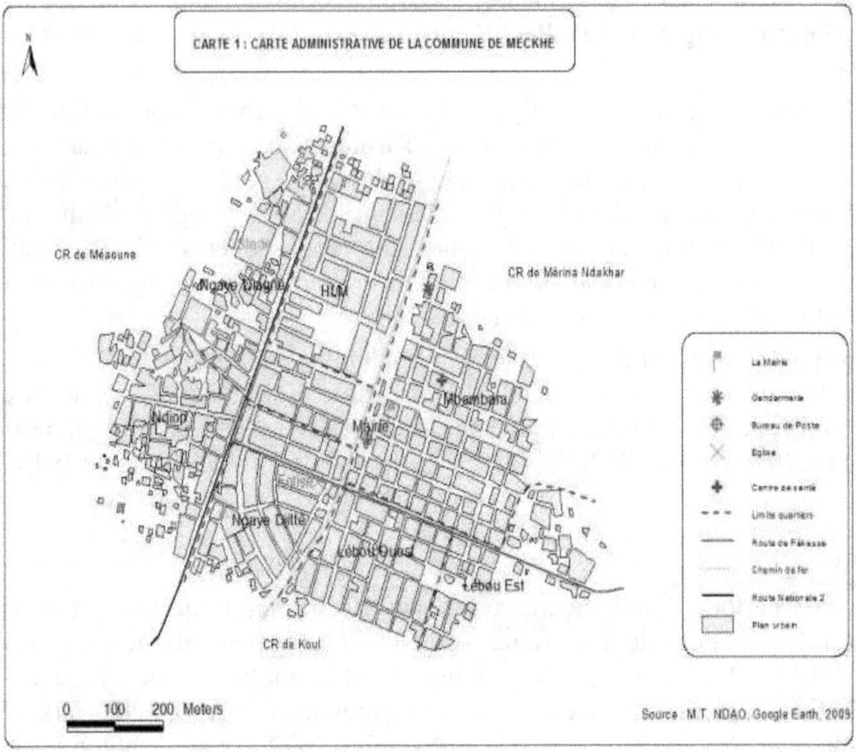

Source : M. T. Ndao, 2009

Comme on le voit sur la carte ci-dessus (N° 4), le quartier Ngaye-Djitté va donner naissance au quartier Ndiop, avec, comme limite nord, l'actuelle Route Nationale 2 qui traverse désormais ces deux quartiers jumeaux. Ndiop s'étend vers le nord jusqu'au village de Pal, sur la route de Mékhé village.

Ngaye-Djitté va également donner naissance au quartier HLM où l'État sénégalais avait déjà créé des habitats sociaux. Dans cette dynamique d'extension du territoire, le quartier Lébou fut scindé en Lébou Est et Lébou Ouest, et le quartier Mbambara, en Mbambara 1 et Mbambara 2, même si pour ce dernier quartier la séparation n'est pas encore officielle.

À l'origine de ces éclatements, il y avait parfois des tensions engendrées par le sport qui, au lieu d'être facteur d'union, s'est parfois posé en facteur de désunion. En effet, avec la population grandissante de jeunes, le désir de jouer dans l'équipe du quartier devient de moins en moins évident. Cela est aggravé par le phénomène du « mercenariat » sportif qui consiste à rechercher du talent en faisant venir d'autres joueurs d'ailleurs, afin de maximiser ses chances de remporter le Championnat ou la Coupe du maire.

Les ressentiments et les frustrations qui en résultent poussent certains jeunes à former leur propre équipe. C'est le cas du quartier Lébou où des mécontentements ont poussé les jeunes footballeurs de la partie ouest à mettre sur pied leur propre formation appelée Soump-Gui, du nom du *soump*, l'arbre séculaire en face de la maison de l'ancien directeur d'école primaire, Khalifa Tall, un lieu de recueillement après la prière de Tabaski et Korité. Ce sont ces genres de problèmes qui ont souvent poussé vers la sécession.

CHAPITRE V

LA GARE FERROVIAIRE ET SES ADJUVANTS

Construite en 1911, la gare ferroviaire a été le moteur de l'essor économique de Ngaye. En cette période coloniale, elle était le point focal du terroir d'où arrivaient et partaient les marchandises et les voyageurs, et auquel était rattaché un certain nombre de structures que nous appelons adjuvants. Terme emprunté à la critique littéraire postmoderne, « adjuvant » désigne les actants du récit qui aident le héros dans sa mission. Nous l'utilisons ici dans le cadre du rôle d'aide non pas de l'économie narrative, mais plutôt dans l'économie ferroviaire.

I. - LA GARE ET LE RÉSEAU FERROVIAIRE

Le Dakar-Bamako (Koulikoro) était un train construit par l'administration coloniale française à la fin du XIXe et au début du XXe siècle. Le projet de construction fut élaboré par Galiéni, commandant du Soudan français ; il avait pour but de transporter rapidement des troupes et d'exporter les ressources naturelles du pays vers le port de Dakar. De plus, le réseau devait servir de point d'arrivée de la liaison transsaharienne, allant de Kayes (Niger) à Dakar sur une distance de 1287 km.

Planche 16
Gare ferroviaire de Ngaye Mékhé

Source : Auteur

Cette liaison, qui passe par Ngaye Mékhé, affiche la volonté nette d'avoir un meilleur contrôle sur l'AOF. Même si la construction de ce tronçon n'a pas plu aux *ajoor*, une fois terminée, le rail devint à la fois un objet de curiosité, de transactions commerciales et d'opportunités pour Ngaye Mékhé. Pour les « gens de Ngaye », l'avènement du tronçon Dakar-Saint-Louis allait déjà marquer les mentalités des populations de la localité qui en gardent encore des souvenirs vivaces.

La particularité de cette voie ferrée est qu'elle était classée territoire français. Pour preuve, lors de la bataille de Guillé, à Mbeuleukhé, le 6 juin 1886, quand les troupes d'Alboury Ndiaye ont poursuivi celles de Samba Laobé Fall, les populations du Kajoor sont allées se réfugier le long de la voie ferrée afin d'échapper à toutes poursuites, comme on se réfugie aujourd'hui dans l'ambassade de son pays d'origine pour ne pas être inquiété.

Planche 17
Gare de l'escale voisine de Kelle en 1908

Source : Google Image

Le premier train à prendre les rails passait à Ngaye deux fois toutes les 24 heures, vers 11 heures, pour aller à Saint-Louis, et vers minuit, pour retourner à Dakar. Cette faible fréquence des rotations était due au fait qu'à cette époque (vers 1910), il fallait six heures pour relier Dakar et Saint-Louis—les horaires allaient progressivement devenir plus réguliers. Ce train fonctionnait au bois de chauffe, d'où le nom de « *saxaar* » (qui fume ou fumée en wolof) donné par les *ajoor* pour désigner la locomotive.

C'est durant cette époque du *saxaar* qu'il se passa une histoire très drôle dont les Ngayois se souviennent encore. Alors que le train en partance pour Dakar faisait escale à Kelle, un Maure en descendit pour satisfaire un besoin naturel, laissant ses bagages à l'intérieur. Il espérait pouvoir y retourner à temps, mais mal lui en prit, car le train s'étant déjà ébranlé. Alors, le Maure se mit en vain à courir derrière le train jusqu'à Ngaye.

Alors que les agents du chemin de fer s'attelaient à embarquer du bois de chauffe, et les passagers à monter et à descendre, l'on vit venir une personne enturbannée qui courait, criait et gesticulait. Tout le monde se retourna, s'attendant au pire au moment où le Maure entra en gare, presque fumant, tellement il était crevé et en sueurs : « *Yaaxëyti ! Saxaar Ngaay, naar Ngaay !* » (Lit. : « Eh bien, le train est arrivé à Ngaye, mais le Maure aussi est arrivé à Ngaye ! »). La foule partit d'un rire fou, mais le Maure, lui, insensible à ces moqueries, était content d'avoir rattrapé le train et retrouvé ses bagages. Et son histoire continue encore à traverser les âges.

L'autorail ou « *gaalu jeeri* », une métaphore qui signifie bateau sur terre ferme, par analogie au bateau qui navique sur l'eau, les *ajoor* le connaissaient déjà depuis l'arrivée des Européens au Sénégal. Les Pulars, eux, l'appelaient « *laana* », en référence au fluide qui coule et qui réverbère le mouvement du train qui glisse sur les rails.

Ce train était le premier mode de transport terrestre qui allait supplanter les ânes, chameaux et bœufs qui assuraient jusque-là les déplacements des personnes et des biens. Mais plus que cela, il allait « rétracter l'espace et contracter le temps » (Salmon, 2000), allusion faite à l'effet induit par les technologies de l'information et de la communication à l'heure globale.

Nous aurions bien aimé connaître le sentiment des *ajoor* de l'époque à ce moment précis de l'histoire des mentalités où, pour la première fois, on pouvait faire plus d'une centaine de kilomètres sans passer des jours sur la route. Comment les gens de Ngaye Mékhé ont-ils perçu la résistance de Lat Dior ? Et les gens des autres villes escale du Kajoor, comme Kébémer, Ndande, Kelle, Pire et Tivaouane, qui ont soudain vu leurs affaires prospérer grâce aux gares ferroviaires ? Sans doute ont-t-ils éprouvé, malgré tout, un immense réconfort dû à cette modernité qu'était le train.

Rappelons que des proches de Lat Dior étaient convaincus de l'utilité du rail en ce que cet instrument permettait de créer des points de vente et de collecte de l'arachide assez proches des populations[15] et contribuait en même temps à l'essor économique et à l'ouverture du Kajoor au reste du pays, comme aimaient à le dire les autorités coloniales.

[15] Cf. l'historien Babacar Ndiaye dans l'émission *Demb* du 20 mars 2012 sur le chemin de fer. Voir : Youtube.com : https://www.youtube.com/watch?v=pRkXkMAB5OU

De manière plus concrète, Ngaye Mékhé, de même que les bourgades environnantes assez proches de la voie ferrée, comme Risso, Ndoucoura, Ndia, le village de Mékhé, avaient très vite compris tout l'intérêt qu'ils pouvaient tirer des escales du train. Une nouvelle économie se créa alors avec la vente de fruits du terroir (*uul*, *new*, *dugoor*, jujubes, etc.) à la gare.

À Ngaye Mékhé, on se souvient encore de « *darkase laayeen* », ces vergers de pommes d'acajou à Laayeen Gumak et Laayeen Gundaw, un espace qui, aujourd'hui, fait face à l'actuelle demeure de Sala Diop, célèbre ancien footballeur habitant au quartier Mbambara. Dans cet endroit habitait un certain Mamadou Laye, originaire du Cap-Vert et dont on dit qu'il serait le neveu d'Amadou Assane Ndoye.

Vers les années 1950, ses vergers étaient tellement florissants qu'Amadou entretenait un petit commerce de ces fruits que sa famille acheminait tous les jours, en période de récole, à la gare dans des bassines, de 11 heures à 13 heures. On dit qu'à sa mort, Amadou fut même enterré dans cet espace près du grand « *new* », à l'angle de l'actuelle maison familiale. Curieusement, ce « *new* » est, aujourd'hui encore, le seul arbre du genre que vous trouverez dans l'espace habité de Ngaye Mékhé.

Après l'indépendance en 1960, avec le succès du transport ferroviaire et l'arrivée de nouveaux types de trains, les rotations devinrent plus fréquentes. Le train passait désormais trois fois à Ngaye Mékhé, aller et retour compris, toutes les cinq heures au moins : 9 heures, 16 heures et 21 heures, d'où l'idée de « *korosma* » (croisement des trains) que les gens de l'époque avaient donné à Ngaye Mékhé.

Abass Ndiaye, agent d'état civil habitant à Nguéwel, explique comment les femmes *gewël* (griottes) faisaient le commerce (vente de produits artisanaux généralement destinés aux femmes, ceintures de perles, colliers, bracelets, boucles d'oreilles, poudre de maquillage, etc.) avec le train : « Nos femmes prenaient le train pour vendre à l'intérieur jusqu'à Kelle ou Ndande. De là, elles attendaient le train de Saint-Louis qui les ramenait à Ngaye. Et c'est ainsi qu'elles écoulaient leurs produits : dans le train et au niveau des gares ! » (Entretien 2017), déclare-t-il avec enchantement, comme pour saluer la créativité de ces femmes. C'est exactement ce que font aujourd'hui certains vendeurs ambulants avec les bus de l'axe Dakar-Saint-Louis.

III. - Les usines de triage et de décorticage

La voie ferrée a facilité la pénétration coloniale dans le Kajoor, mais elle matérialise surtout l'ambition de la colonie française de se placer au cœur du bassin arachidier dont elle avait le monopole de la traite. À Ngaye Mékhé, la structure la plus importante à ce niveau étaient certainement les deux usines de décorticage d'arachides implantées aux deux extrémités nord-sud de la ville : celle des Cathala, au quartier Lébou, et celle des Sallières, au quartier Mbambara.

Planche 18
Première décortiqueuse des Cathala vers 1930

Source : Archives Cathala

Ces usines avaient une double fonction de triage et de décorticage. Le triage des arachides était une condition exigée par le Service de Conditionnement des Arachides avant la vente ; aussi les Cathala s'engagèrent-ils très tôt dans cette activité. Mais, vers les années 1930, le mode de triage des arachides était très artisanal. Les sacs d'arachides en coques étaient montés sur un échafaudage avec une plateforme au sommet. De là partait vers le sol un dispositif oblique par où les arachides étaient triées, comme le montre la photo ci-dessous.

Cette photo à l'emplacement actuel de l'usine qui est à une centaine de mètres des Éts Cathala montre une brousse, ce qui donne une idée de ce que pouvait bien être le niveau d'occupation et d'aménagement du quartier Lébou dans les années 1920 : un regroupement de quelques huttes seulement.

Mais bien vite, aux alentours des années 1950, avec le développement technique, les Cathala améliorèrent leur dispositif en y installant du matériel beaucoup plus adapté. Avec des tôles métalliques provenant de barils, ils clôturèrent un vaste espace d'environ 2000 m² pour abriter les installations, sous un long toit en zinc d'une quinzaine de mètres.

Planche 19
Deuxième décortiqueuse des Cathala en 1956

Source : Archives familiales

Aujourd'hui, ne subsiste presque plus rien à l'emplacement de ces usines. Dans celle des Cathala, que l'on voit sur la photo ci-dessous, il ne reste plus qu'un toit et un magasin dans l'enceinte ; la machinerie de l'usine est partie aux ferrailleurs depuis longtemps et l'espace est morcelé et vendu à usage d'habitation. Quant à l'usine de Sallières qui se trouvait à Mbambara, une maison est aujourd'hui construite sur son emplacement.

Planche 20
Un pan de l'usine de décorticage des Cathala ou ce qui en reste

Source : Auteur

Dans ces proto-industries, les arachides étaient triées ou décortiquées et les graines mises en sacs et acheminées vers la gare, à partir d'où elles étaient chargées sur le train au quai d'embarquement et de débarquement de marchandises qui jouxte l'édifice des Postes, Téléphones et Télégraphes (PTT). De là les sacs d'arachides partaient pour le port de Dakar, ensuite vers la France, inscrivant le territoire de Ngaye Mékhé dans une économie mondialisée.

III. - LE « MBAAM RAAY » ET LE RÉSEAU FERROVIAIRE INTERNE DE NGAYE

Le « Quartier européen » était innervé par un réseau de bretelles ferroviaires pour faciliter l'acheminement des marchandises, des sacs d'arachides, en particulier, vers le quai de la gare. Ces bretelles traversaient d'est en ouest les actuelles avenues Sidy Gaye Massar et Ndeund Thiam.

L'essentiel des maisons de commerce était de part et d'autre de ces deux avenues. De chaque maison partait également une bretelle qui menait vers une de ces deux bretelles principales.

Le *mbaam raay* (littéralement âne sur rail) était un engin en fer qui ressemblait à une longue bascule sur roues qui servait à convoyer des marchandises sur une longue distance à moindre effort. Avec une échelle de part et d'autre de sa longueur pour encadrer la marchandise, le *mbaam raay* pouvait prendre jusqu'à une trentaine de sacs d'arachides. Quant à l'analogie avec l'âne, elle viendrait du fait que dans le Kajoor en général, cet animal, bien du terroir, était apparemment le premier animal de trait.

Planche 21
Modèle de mbaam raay et bretelle ferrée dans la ville coloniale de Thiès

Source : ANS

Pour manipuler cet engin lourdement chargé, les ouvriers et les manœuvres avaient trouvé un système ingénieux de traction avant. Ils utilisaient un pieu comme levier, qu'ils inséraient légèrement entre les deux roues arrière et le soulevaient brusquement pour provoquer un choc qui propulsait le charriot vers l'avant. La topographie du quartier faisant une légère inclinaison d'est en ouest vers le quai de la gare, une fois l'engin propulsé, il pouvait rouler seul sur plusieurs dizaines de mètres avant de nécessiter une autre propulsion, par le levier ou par la force des bras.

Au début des années 80, alors que nous n'étions que de petits garçons, nous nous plaisions à nous introduire dans l'usine des Cathala pour monter sur ces engins. Pendant que les uns chevauchaient, les autres poussaient, et nous nous amusions à tour de rôle dans cet espace lugubre où la lumière pénétrait difficilement à cause des nombreux arbres.

Mais bien avant nous, au temps où les bretelles ferrées existaient encore dans les grandes artères du « Quartier européen », nos aînés se sont également amusés avec ces *mbaam raay*. Un jeu dangereux que décrit Mansoor Xumma (Mansour Khouma), frère du directeur d'école, Abib Khouma, qui a été témoin de cette époque :

« Ak a néew guneg Ngaay, rawati na gu Lébu, gu mu masut a yëy sab loxo, mbaa sab tànk ! Bis bu ñu daawul liggéey, daawu ñu leen denc ; bu ko defee, xale yi sam ci ba fess, ku manut a toog, kallaambiitu foo man. Ñi ëpp doole dal ko jiñ, di ko jiñ, ba mu egg ca mbartal ma, ñu lang, bàyyi ko mu yarxalu. Foofee la gaañu ya daa baree, ndax kenn dootu kowoon man a tëyye. Lepp weñ la, ci raay ba, ba ca feggu ya. Ku sa loxo laal raay bi, mbaa ca tànk, yàqu nga, rawati na bu dee benn baaraam : da koy yëy ba mu mokk », (Xumma, 1999 : 12-13).

« Rares étaient les enfants de Ngaye, surtout ceux de Lébou, dont il n'avait pas écrasé la main ou le pied ! On ne les rangeait pas lors des jours non ouvrables, aussi les hordes de gosses montaient-ils dessus ; ceux qui ne pouvaient pas s'asseoir s'accrochaient comme ils pouvaient. Alors, les plus costauds le poussaient jusqu'à la descente et le laissaient filer. C'est en ce moment qu'ils se blessaient, car personne ne pouvait plus retenir cet engin tout en fer. Si jamais votre main ou votre pied touche le rail, vous êtes foutu, *a fortiori* s'il s'agit d'un doigt : il l'écrabouille. »

Ces *mbam raay* étaient devenus un vrai danger public pour les enfants de Mékhé, jusqu'au moment où ces artères furent bitumées et les bretelles enfin enlevées.

Nous rappelons aussi qu'à partir de chacune des usines de décorticage, il y avait une bretelle qui menait hors des habitations. C'est là que les coques d'arachides étaient déchargées jusqu'à former une petite montagne qu'on brûlait. Les Cathala, par exemple, déchargeaient leurs coques à l'extrême sud du quartier Lébou, un peu avant « *Segi Riisoo* », le cimetière sur la route de Risso. Si ce n'est la fumée permanente qui se dégageait de ces tas de coques le jour, c'est la couleur rougeâtre que l'on apercevait de loin une fois la nuit venue, qui faisait la particularité de ces montagnes de coques d'arachides. C'est quand l'urbanisation atteignit cet endroit au lendemain de l'indépendance que ce dépôt fut supprimé.

IV. - Les Postes, Téléphones et Télégraphes (PTT)

En référence aux PTT de France, les PTT de Ngaye sont l'autre structure intimement liée au chemin de fer. Même si, en 1626 déjà, l'on pouvait réellement parler de courrier postal au Sénégal (année qui marque le début des relations postales entre le Sénégal et la France), selon La Poste Sénégal, (2016), il faut dire qu'à l'intérieur du pays, le système de communication se faisait par des piétons, des cavaliers, ou par des pirogues, comme ce fut le cas pour la liaison postale entre Gorée et Saint-Louis.

Au début du XXe siècle, avec la traite arachidière à son apogée au Sénégal, il fallait des moyens de communication beaucoup plus rapides. C'est la raison pour laquelle, en plus du télégraphe qui envoyait des messages au style très elliptique, le train de la ligne Dakar-Saint-Louis était le nouveau coursier par excellence pour les lettres et autres types de correspondances.

Avec la construction des PTT de Mékhé en 1918, le courrier ne se faisait plus sous forme de *yobënte* (envoi par l'intermédiaire d'un voyageur) par le train ; les envois s'organisaient désormais autour des PTT où tout le courrier de la ligne était centralisé avant d'être confié au chef de gare qui se chargeait de le mettre dans le train. Mais, comme on le sait, cela n'était qu'une des fonctions des PTT qui disposaient également de services téléphoniques et télégraphiques.

Planche 22
Les PTT de Ngaye Mékhé devenus La Poste

Source : Auteur

D'ailleurs, jusqu'à une époque relativement récente (1980-1990), le Bureau de poste était le seul endroit à Ngaye Mékhé à partir duquel les populations pouvaient passer des appels téléphoniques, moyennant un tarif. On n'était pas encore à l'heure des cabines téléphoniques privées de la SONATEL qui y seront implantées une décennie plus tard, pour être remplacées par les téléphones portables.

Durant l'époque coloniale, des receveurs français des PTT ont eu à séjourner à Ngaye avec leur famille. Il s'agit, par exemple, de Louis Charles Martial, receveur des PTT en 1930, de son épouse Marie Claire Louise Antoine et de leur fille Yvonne Georgette. Samba Fall, Malick Koulani Sakho et Ibrahima Thiaw y travaillaient déjà comme facteurs cette année-là. On se souvient également d'Idrissa Sylla, communément appelé Sylla « Poste ».

TROISIÈME PARTIE

NGAYE MÉKHÉ, UN IMPORTANT PÔLE ÉCONOMIQUE : 1900-1960

La construction de la gare ferroviaire ouvrit grandement Ngaye Mékhé aux villes escale de la ligne entre 1911 et 1970, veille du choc pétrolier. Voilà ce qu'on pourrait appeler « L'âge d'or de Ngaye Mékhé ». Cette période faste, quoique ponctuée de quelques crises, telles que les deux guerres et des épidémies, est sans conteste la période durant laquelle le nom de Ngaye Mékhé a traversé les frontières du pays.

Poumon économique du Kajoor, grâce à la traite et à sa position de ville à la fois escale et carrefour, plusieurs autres activités se développèrent parallèlement. L'une des activités les plus importantes de cette économie de traite est certainement la cordonnerie.

CHAPITRE I

L'ÉCONOMIE DE TRAITE

L'importance de la traite arachidière du XIXe siècle justifie amplement la création de l'espace post-colonial, zone concernée par l'arachide entre Saint-Louis et Rufisque. En effet, à partir de 1849, le Kajoor devient un important producteur d'arachides. La France, qui avait grandement besoin de cette matière première pour ses savonneries, ses huileries, son industrie d'armement (les matières grasses pour graisser les armes), nomme Faidherbe en 1854 et ouvre la voie aux maisons bordelaises et marseillaises. Le gouverneur Faidherbe était chargé de la mise en œuvre de la politique économique coloniale.

I. - NGAYE MÉKHÉ DANS L'ANCIEN BASSIN ARACHIDIER

Le Kajoor est au cœur de l'ancien bassin arachidier qui englobait le Kajoor. Avec l'avènement du chemin de fer, Ngaye Mékhé devint le poumon du bassin arachidier, étant le lieu où l'essentiel de la production du Kajoor convergeait, et à partir d'où elle était chargée dans des wagons silo et acheminée vers la gare maritime de Dakar, d'abord, et relayée vers la métropole.

Pour mettre à contrepoint l'importance de ce commerce des oléagineux pour la France, rappelons que :

> « Ce fut l'arachide qui permit au commerce français de surclasser son rival (anglais) dans toute la zone qui s'étend du Sénégal à la Sierra Leone; et ce fut ce qui décida les maisons métropolitaines à s'intéresser à cette région » (Diouf, 1990: 167).

Ainsi, avec la mort de Lat Dior en 1886 et la fin de l'insécurité pour les colons, les maisons bordelaises et marseillaises commencèrent tranquillement à s'installer dans le Kajoor.

Elles s'établirent d'abord sur l'axe ferroviaire Dakar-Saint-Louis, d'abord du fait que cette ligne était considérée comme territoire français, ensuite pour des raisons de proximité des moyens de transport : route impériale, chemin de fer. C'est ainsi qu'apparut la notion de « ville escale » qui désignait les principales localités sur l'axe, comme Louga, Kébémer, Ndande, Kelle, Ngaye, Tivaouane, Thiès, Sébikhotane et Rufisque. Ensuite, Ngaye Mékhé étant sur cet axe Dakar-Saint-Louis et encadrée par les villes escale du Kajoor, les établissements commerciaux y poussèrent comme nulle part ailleurs dans le royaume du Kajoor.

Planche 23
Villes escale de la ligne ferroviaire Dakar-Saint-Louis

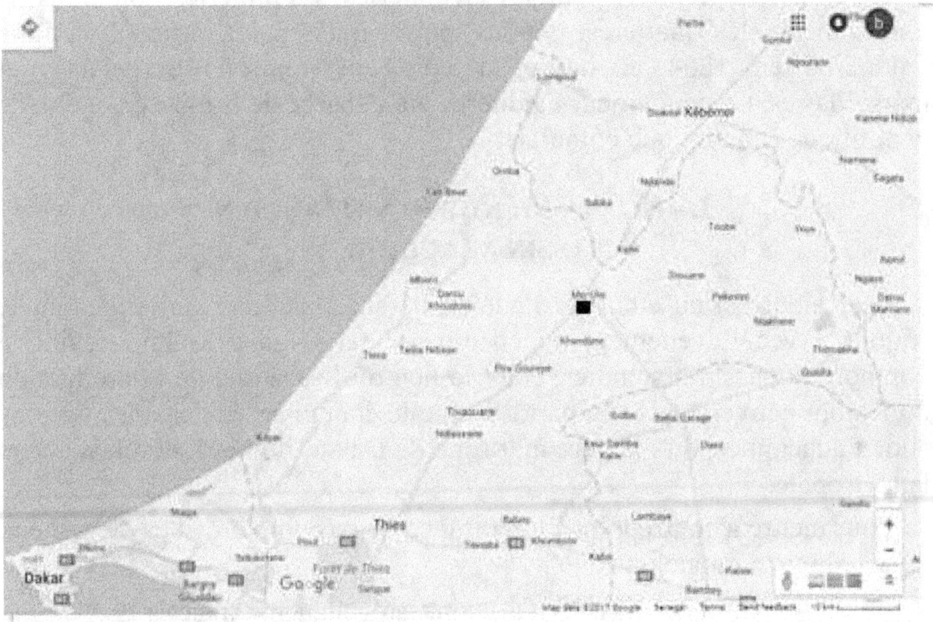

Source : Google Maps

En vérité, jusqu'à la veille de la Première Guerre mondiale dans le Kajoor, la culture arachidière n'était pas vraiment l'affaire des *ajoor* qui étaient plutôt tournés vers les cultures vivrières. Cette nouvelle filière dont les gens ne distinguaient pas clairement les contours, les limites, encore moins les dangers, a fait dire à Philippe David que :

> « L'histoire arachidière du Sénégal, pendant les quinze ou vingt années qui précèdent la première Guerre Mondiale, est marquée, sans originalité particulière, par les fantaisies de la production, elle-même étroitement liée aux caprices des cieux et du marché » (1980 : 28).

En plus, à cette époque-là où les machines n'existaient pas encore, les techniques culturales étaient plutôt rudimentaires. Dans le Kajoor, les paysans avaient recours à des outils rudimentaires appelés *konko*, *larmart* et *tobbi*. Les paysans allaient aux champs avec une calebasse remplie de graines d'arachides et couverte avec un morceau de tissu, et avec ces outils, semaient leurs champs.

Commença alors la mise en place d'un système de traite. À Ngaye Mékhé et dans son *hinterland*, Loïc Barbedette situe cette période de balbutiement entre 1890 et 1915[16]. Aussi, pour faire tourner la machine arachidière, l'administration coloniale s'appuyait-elle sur les chefs de canton qui s'appuyaient à leur tour sur le pouvoir féodal pour réaliser ce dessein. Aussi les *jaraaf* étaient-ils mis à contribution pour servir d'interface à l'administration coloniale dans le contrôle de la production et de la distribution des semences aux paysans à qui l'on avait imposé la culture de l'arachide[17]. Afin de faciliter l'exercice de coercition à ces *jaraaf*, des spahis étaient mis à leur disposition par l'administration coloniale, d'où l'excès de zèle constaté çà et là chez certains d'entre eux et la résistance de certains villages.

---

[16] Loïc Barbedette, « Connaître son passé pour se déterminer face à l'avenir : Recherche paysanne sur l'évolution de la condition paysanne dans le Cayor », UGPM, Mékhé, 23-25 mars 2007.

[17] Bien avant la pacification du Kajoor, les *ajoor* étaient aussi intimidés par les razzias, récoltes incendiées, etc., pour les obliger à renoncer aux cultures vivrières au profit de l'arachide.

Pour davantage organiser la traite, la Société Indigène de Prévoyance (SIP) s'était implantée à Ngaye Mékhé dès 1916. Créées et organisées par une loi française du 14 avril 1893, selon les Archives Nationales d'Outre-Mer, « les sociétés indigènes de prévoyance ont pour but de prévenir la disette et d'aider les indigènes des campagnes » (2016). L'administration coloniale avait en effet bien compris que si le paysan était ruiné, il ne pouvait point y avoir de production record, ce qui aurait des conséquences fâcheuses en France pour les huileries, les savonneries et surtout, en cette période de guerre, pour l'industrie d'armement, qui avaient énormément besoin de corps en gras nécessaires à la préparation des munitions[18].

C'est d'ailleurs dans ce contexte précis de pénurie que la France, qui craignait que ses graines ne passent aux autres puissances étrangères européennes (ce qui aurait aggravé la crise en France), à l'Angleterre qui s'intéressait jusque-là plus aux épices qu'aux oléagineux, soutint vivement l'immigration libanaise à partir de Marseille où les migrants libanais en partance pour les États-Unis faisaient escale. C'est le lointain conflit confessionnel libanais entre druzes et chrétiens (1840-1861) qui déclenchera ce flux migratoire qui allait ultérieurement conduire les Libano-Syriens à Ngaye Mékhé autour de 1915, parfois après un périple d'essai dans d'autres territoires du Kajoor.

Durant cette même période, les migrants saisonniers du Soudan français, que les rapports administratifs français ne mentionnaient qu'occasionnellement, « mais sans y attacher une importance particulière » (David, 1980 : 28), commencèrent à s'intéresser fortement à cette main-d'œuvre adventice dont l'administration coloniale savait maintenant qu'elle pouvait contribuer à davantage booster la traite arachidière. Elle mit aussitôt en place un système de contrôle et de facilitation qui, comme avec les Lybano-Syriens, allait conduire une communauté de Soudanais à Ngaye Mékhé autour de 1915.

---

18 La crise des années 29, par exemple, (qui débuta en 1927 avec la chute du Franc français) frappa si durement les paysans sénégalais que la production nationale qui était de 540.000 tonnes lors de la campagne 1930-1931 passa brutalement à 286.000 tonnes d'arachide la campagne suivante. Voir Philippe David. *Les navétanes : histoire des migrants saisonniers de l'arachide en Sénégambie des origines à nos jours* Dakar : Les Nouvelles Editions Africaines, 1980, Annexe 1C, p. 465.

Il n'était alors exagéré de dire que tous les chemins menaient à Ngaye Mékhé qui était, par sa position géographique stratégique et par la force des choses, le centre de gravité de la traite arachidière dans le Kajoor, et l'un des plus importants dans le Sénégal. Ngaye était la grande ville commerciale qui faisait le bonheur des commerçants français et libano-syriens et des traitants locaux.

II. - COMMERÇANTS ET TRAITANTS LOCAUX

Avec l'entrée des marabouts dans la politique arachidière et la puissante main-d'œuvre que fournissaient leurs *daara* (écoles coraniques), les négociants de Ngaye Mékhé comprirent qu'ils ne pouvaient plus rester basés à Ngaye uniquement et qu'il fallait désormais aller à la rencontre des paysans. Ils étendirent alors leurs réseaux de collecte sur toutes les grandes localités du Kajoor et bien au-delà.

1. - Négociants français et auxiliaires libano-syriens

Jusque vers la fin des années 1930, les maisons de commerce établies à Ngaye Mékhé étaient presque sédentaires. Mais avec l'entrée dans la traite des Libano-Syriens, les Français trouvèrent auprès de ces migrants l'occasion rêvée de réaliser deux objectifs majeurs : utiliser ces gens très affairistes dans les points de traite pour booster celle-ci, mais aussi pour combattre les traitants indigènes très entreprenants, comme les *baol-baol*, qui commençaient à investir ce secteur économiquement rentable et à imposer leur volonté. Des établissements comme Maurel et Prom, Cathala, etc. s'installèrent sur les axes Ngaye-Touba, Ngaye-Baba Garage et le long de la ligne du chemin de fer.

Cette logique de concurrence exacerbée faisait que chaque maison de commerce française avait son propre système d'exploitation. Elle avait ses hommes de main dans les localités les plus reculées de l'arrière-pays, qui se chargeaient d'acheter et de stocker les arachides dans leurs points de traite. Avec une propre logistique qui leur était spécifique, ces maisons de commerce acheminaient elles-mêmes l'arachide de ces points de traite jusqu'à Ngaye Mékhé.

Les commerçants français de Ngaye Mékhé arrivaient ainsi à acheter de grosses quantités d'arachides et à faire des chiffres d'affaires assez importants. Pour en donner une idée, nous avons consulté les archives des Cathala que nous livrons en exemple. C'est ainsi que pour la seule campagne arachidière de 1930-1931, les Cathala ont effectué les ventes suivantes auprès des établissements Regis, Turbé et Petersen installés à Dakar :

Tableau 4
Rentes arachidières chez les Cathala, traite 1930-1931

N°	Date	Quantité/kg	FF/100 kg	Total vente FF	Acheteur	N° contrat
01	21 nov. 1930	25.000	70.00	17.500	Ets Victor Régis	706
02	27 nov. 1930	25.000	70.00	17.500	Ets Victor Régis	710
03	11 déc. 1930	25.000	72.50	18.125	Ets Turbé	13
04	15 déc. 1930	25.000	65.00	16.250	Ets Victor Régis	743
05	15 déc. 1930	25.000	67.50	16.875	Ets Turbé	19
06	23 déc. 1930	50.000	67.50	33.750	Ets Turbé	26
07	25 déc. 1930	50.000	57.50	28.750	Ets Turbé	28
08	5 jan. 1931	100.000	50.00	50.000	M.V.Q Petersen	346
09	2 jan. 1931	50.000	50.00	25.000	Ets Victor Régis	802
10	14 jan. 1931	100.000	55.00	55.000	Ets Victor Régis	819
11	21 jan. 1931	100.000	57.50	57.500	M.V.Q Petersen	382
12	26 jan. 1931	50.000	62.50	31.250	Ets Turbé	47
13	3 fév. 1931	100.000	57.50	57.500	Ets Victor Régis	856
14	7 fév. 1931	50.000	57.50	28.750	M.V.Q Petersen	437
15	10 fév. 1931	50.000	60.00	30.000	M.V.Q Petersen	441
16	12 fév. 1931	50.000	62.50	31.250	Ets Victor Régis	875
17	14 fév. 1931	50.000	62.50	31.250	Ets Victor Régis	880
18	13 mar. 1931	200.000	87.50	175.000	M.V/Q/ Ptersen	483
		1.125.000		**721.250**		

Source : Archives Cathala

Ce tableau révèle des statistiques significatives. D'abord, en rapportant cette production de mille cent vingt-cinq (1.125) tonnes d'arachide d'un seul négociant de Ngaye à la production totale d'arachide au Sénégal, qui était de 540.000 tonnes en 1930, on pourrait faire le constat suivant : si, par excès, l'on attribue le tonnage de mille tonnes à chacun des commerçants français et libano-syriens de Ngaye Mékhé (environ 30 maisons), on se retrouverait aisément avec 30.000 tonnes d'arachide, soit une importante contribution de 5,555% de la production nationale[19].

Plus intéressant encore, aussi loin que l'on puisse remonter dans la traite arachidière, Ngaye Mékhé a toujours joué ce rôle de premier plan. De toutes les villes escale du cercle de Tivaouane, par exemple, elle a toujours battu le record de production (voir les détails en Annexe 10), comme le montre le tableau ci-dessous :

Tableau 5

Total de la production arachidière des traites 1909-1910 et 1910-1911 (en kg)

	Janvier	**Février**	**Mars**	**Avril**	**Mai**	**Total**
Tivaouane	4.847.321	3.166.519	2.119.199	631.180	270.879	11.035.098
Pire	4.500.096	3.300.828	1.910.288	635.804	55.840	10.402.856
Mékhé	**5.039.491**	**5.372.935**	**4.455.789**	**4.047.864**	**1.445.066**	**20.361.145**
Kelle	1.960.256	1.749.760	1.322.433	902.694	261.541	6.196.684
Ndande	3.197.317	3.644.440	2.520.010	1.315.900	43.000	10.720.667
Kébémer	2.466.561	3.604.362	3.705.215	1.746.176	349.961	11.872.275
Guéoul	2.724.504	2.472.899	2.049.341	757.380	144.749	8.148.873
Total	**24.735.546**	**23.311.743**	**18.082.275**	**10.036.998**	**2.571.036**	**78.737.598**

Source : ANS

Comme le confirme le tableau, la production arachière de Ngaye Mékhé double pratiquement celle de chacune des villes escale du Kajoor allant de Guéoul à Tivaouane. Comparée à la production totale de ces villes escales et à celle du Sénégal à la même période (David 1980 : 464), nous avons ce qui suit :

Ngaye Mékhé : 20.361 tonnes

Kajoor : 78.737 tonnes

Sénégal : 200.000 tonnes

---

[19] Cette production ne tient pas en compte de celle des autres commerçants des villes escale du Kajoor, comme Guéoul, Ndande, Kébémer, Kelle et Tivaouane.

Cette répartition montre que Ngaye Mékhé était incontestablement le cœur l'ancien bassin arachidier au Sénégal et que les Cathala, qui achetaient, à eux seuls, 1.125 tonnes d'arachide (même s'il est difficile de comparer deux années agricoles distantes de deux décennies (1911-1930), étaient les rois des commerçants établis sur la ligne et certainement parmi les plus grands de l'AOF.

Ensuite, en prenant la peine d'actualiser ces chiffres qui pourraient ne pas avoir beauoup de significations pour le Ngayois contemporain, nous déboucherons sur des conclusions tout aussi révélatrices. Précisons qu'en 1930, c'est le Franc français qui avait cours légal au Sénégal. Autrement dit, si on faisait le rapport avec le FCFA avant la dévaluation (1FF=100 FCFA), Alexandre Cathala aurait fait, en 1930, un total vente net de 721.250 x 100 FF, c'est-à-dire 72.125.000 FCFA.

Et, toujours à titre comparatif, s'il avait vécu de nos jours, avec le cours du kilogramme d'arachide en coque qui peut aller jusqu'à 250 FCFA, A. Cathala aurait fait la somme astronomique de 281.250.000 FCFA (721.250 x 250 FCFA) comme prix de vente en une seule campagne. Et si l'on sait que le quintal d'arachide en coque à cette époque de l'entre-deux-guerres était acheté au paysan à 20 ou 25 FF, le bénéfice d'Alexandre Cathala aurait aujourd'hui avoisiné les 187.000.000 CFA, les dépenses de production exclues.

Pour donner une idée du poids économique de Ngaye Mékhé dans le bassin arachidier et dans le Sénégal en cette année 1911, multiplions le prix moyen du quintal en cours pendant la traite 1930-1931 (c'est-à-dire 60 FF) avec la production locale de 203. 611 quintaux, et l'on se retrouve avec la somme mirobolante de 12.216.660 FF qui circulait dans le territoire, c'est-à-dire 7.329.996.000 FCFA ! L'on comprend mieux maintenant pourquoi le Kajoor profond s'est vite vidé de ses bras et de sa substance au profit de la ville macrocéphale et tentaculaire de Ngaye Mékhé.

En réexaminant le tableau de la production agricole des Cathala de plus près, on relève que la campagne a démarré le 21 novembre 1930 et s'est terminée le 13 mars 1931, soit une période d'environ trois mois. Rappelons que les dates d'ouverture et de fermeture de la traite relevait exclusivement du Gouverneur du Sénégal et que le prix d'achat du quintal (*barigo*, 100kg) au producteur était fixé par la Chambre de commerce de Dakar, en fonction du contexte économique de l'Europe. C'est la principale raison pour laquelle durant cette campagne, le prix du quintal a fluctué entre 50 et 87.50 FF.

Ensuite, il y avait le rythme effréné des livraisons. En effet, les Cathala se rendaient chez leurs acheteurs en moyenne une fois par semaine, parfois plus, avec des livraisons qui tournaient généralement entre 25 et 50 tonnes, parfois 100 tonnes et un pic de 200 tonnes à la veille de la fermeture de la campagne. Le pic du 13 mars 1931 relevé sur le tableau se comprend aisément étant donné que les Cathala ont attendu un mois après leur dernière livraison (14 février 1931), certainement pour prendre le temps de faire la collecte dans tous leurs points de traite afin de faire leur dernière livraison de campagne.

L'autre élément est le changement constant d'acheteur. Les Cathala ont commencé à vendre aux établissements Victor Régis (70.00F les 100 kg) ; mais quand, quelques jours plus tard, ils surent que les établissements Turbé offraient mieux (72.50 les 100 kg), ils n'hésitèrent guère à se tourner vers ces derniers (11 décembre). Cependant, quatre jours plus tard (15 décembre), le cours de l'arachide chuta et ils retournèrent chez Victor Régis pour un prix de 65.00F les 100 kg. Et le même jeu reprit ce même 15 décembre quand ils retournèrent encore chez Turbé pour une meilleure offre.

Il siérait toutefois de rappeler que ces acheteurs n'étaient que des intermédiaires des maisons bordelaises et marseillaises qui déterminaient les prix d'achat au gré du marché. En cette année 1930, année d'entre les deux guerres, où débute la crise de 1929, le marché était caractérisé par une certaine instabilité. Ensuite, pour les agriculteurs du Kajoor, ces années 30 étaient comprises dans la longue période (1918-1950) de tentatives de développement du système de la traite arachidière (Barbedette, 2007 : 4). L'autre fait marquant était que les années 1930 coïncidaient avec le début de la monétarisation de l'économie paysanne et l'introduction des premiers semoirs mécaniques, de marque Fabre.

Autant dire que les années 1930 étaient une période de mutations socioéconomiques profondes, à la fois pour l'Europe que pour les paysans de Ngaye et de son arrière-pays, une situation qui influe naturellement sur le cours de l'arachide dans ce territoire. Alors, il arrivait que les commerçants de Ngaye, qui avaient leurs arachides en dépôt chez les maisons françaises de Dakar, veuillent attendre de meilleurs moments pour vendre leurs produits. Mais c'est exactement là, pendant cette chute des cours, que ces dernières en profitèrent pour les obliger à vendre, pour que leurs maisons françaises fassent d'importants bénéfices sur le dos des paysans et des traitants. Cet extrait d'une correspondance (voir Annexe 11) des Éts Régis de Dakar à Alexandre Cathala, en date du 20 avril 1933, en témoigne largement :

> « Si d'ailleurs notre prix—qui témoigne de notre bonne volonté—n'a pas votre agrément, vous n'avez qu'à nous rembourser immédiatement, comme notre accord le prévoit, le montant de votre débit chez nous majoré des frais et intérêts, reprendre vos graines et vendre quand et à qui vous l'entendez » (Archives Cathala, 1933).

Ce qu'il faut comprendre avant tout de « cette lettre [qui sonne] comme une mise en demeure brutale », même si, au demeurant, Régis demande à Alexandre Cathala de ne pas la considérer comme telle, c'est que ces maisons de Dakar accordaient à leurs vendeurs une avance sur leurs livraisons futures. Évidemment cet argent était utilisé par Cathala pour approvisionner ses hommes de main dans les points de traite. Ces hommes achetaient et stockaient l'arachide au fur et à mesure, en attendant la collecte par Alexandre. On voit bien la supercherie. Cathala ne pouvait certainement pas manquer d'avoir des difficultés à rembourser, avant la date butoir du 30 avril 1933, une somme déjà très probablement dépensée, sans compter les « frais et intérêts ». La seule solution alors était de vendre, bon gré mal gré.

Pour éviter ce genre de déconvenue, les négociants de Ngaye Mékhé devaient tout faire pour acheter l'arachide des paysans au plus bas prix. D'ailleurs, on peut lire, la même recommandation faite à Alexandre Cathala dans une lettre en date du 7 février 1933, dans laquelle les Établissements Régis proposent à ce dernier le prix catégorique de 60 FF pour les 100 kg :

« Vous nous répondrez sans doute que le prix de 60 frs n'est pas avantageux. Ce n'est en tout cas pas notre faute, car nous n'avons cessé, en toutes occasions, de vous conseiller, à vous, comme aux autres commerçants de la ligne, d'être prudents dans vos achats » (Archives Cathala, 1933).

En vérité, l'attitude des Établissements Régis sur cette question précise était dictée par une politique décidée en haut lieu. La France, qui venait de découvrir l'importance de l'arachide, s'était fait une opinion selon laquelle « sa commercialisation n'était rentable que si le prix d'achat aux producteurs était très bas et les filières sécurisées » (Nouhou, 2012 : 138). C'est dans cette logique de sécurisation des filières que s'inscrivait derechef l'entrée des Lybano-Syriens dans le commerce de l'arachide.

Ces joutes « épiques » entre commerçants et acheteurs en rappellent d'autres, entre commerçants et paysans. En effet, la traite arachidière traînait également dans son sillage une horde d'escrocs sans scrupules qui rappellent curieusement les récentes histoires de bons impayés au Sénégal. Il y avait effectivement à Kelle, l'escale voisine de Ngaye, un certain monsieur Huchard qui parvenait à persuader les paysans de lui vendre leurs graines à crédit, en leur faisant miroiter de belles promesses de remboursement. C'est ce qu'il avait fait durant la traite de 1896 :

« Les indigènes trompés l'année dernière par le sieur Huchard et ses acolytes et non encore payés des graines qu'ils ont livrées, n'ont pas l'air, cette année, de vouloir se laisser prendre aux belles paroles. À Pire Gourèye et Ngaye Mékhé, les représentants de Huchard n'ont rien fait et le Chef Tié Mbaye a vendu ses propres graines à M. Smith »
(ANS, 1897: 1).

L'année suivante, M. Huchard qui, dit-on, travaillait pour la maison Maurel et Prom, était encore dans ses combines, cette fois-ci, avec un chef de village qui fut d'ailleurs révoqué et attrait à comparaître devant le commandant de cercle de Tivaouane pour recevoir l'application des sanctions prévues à l'arrêté du 12 octobre 1888.

Cela dit, l'arrivée des Libano-Syriens à Ngaye avait sans conteste contribué à l'expansion de cette importante production oléagineuse. En effet, les Français avaient encouragé l'immigration libano-syrienne dans le but de faire de ces gens des auxiliaires de commerce pour booster la production et faire la collecte de l'arachide dans les points de traite. Ces derniers sont arrivés à Ngaye avec un nouvel esprit d'entreprise qui mettait le cultivateur au centre de leur politique économique : les crédits Batignoles. Il s'agissait de sécuriser le producteur afin de le fidéliser en lui octroyant une avance sur les récoltes à venir pour qu'il puisse subvenir à ses dépenses de production et à ses propres dépenses de consommation quotidiennes : nourriture, vêtements pour la famille, baptême des nouveau-nés, festivités, etc.

Bien entendu, cette pratique liait insidieusement le producteur au négociant et permettait de faire tourner la machine agricole sans interruption. Ensuite, les très rusés Libano-Syriens influaient sur les habitudes de consommation des biens et services du paysan « fidélisé » qui s'approvisionnait chez eux en vêtements, bijoux, montres, matériel agricole ou machines à coudre, lesquels biens étaient mis en gage pour l'obtention de crédit !

Mais pour les gens du terroir, l'introduction de ces nouveaux biens de consommation constituait déjà une véritable révolution sociétale. Les gens de Ngaye venaient de découvrir par là un début de société de consommation. La machine à coudre et la montre, par exemple, entrèrent désormais dans la constitution de la dot des Ngayois : une nouvelle mode est née, de véritables mutations dans l'histoire des mentalités.

C'est également à cette période que les Cathala[20] eurent l'idée d'introduire un nouveau prototype de semoir qui, contrairement au semoir Fabre qui existait déjà, pouvait semer deux tracées à la fois, c'est-à-dire « deux graines tous les vingt-trois centimètres », selon une correspondance des Éts V. Grenier (Rennes, France) datée du 11 février 1955. Avec ce prototype, les Cathala eurent non seulement l'ambition de révolutionner les techniques culturales dans le Kajoor, mais comptaient également être le distributeur agréé des Ets Grenier en AOF : « Si les essais sont concluants,

---

[20] Après la mort de leur père en 1940, ce sont Roger et René et leur mère Margarite qui avaient le commerce familial en main.

j'espère que vous me réserverez la vente exclusive de votre semoir pour le Sénégal et l'AOF » (1955), demandent les Cathala.

Photo 15
Le semoir à deux sillons des Cathala

Photo 16
Le même semoir, vu de derrière

Source : Archives familiales, 1956

Le seul point d'inquiétude pour les deux parties était, pour les Cathala, le prix d'achat de ce semoir à 1.500 F (transport jusqu'à Ngaye inclus), et pour les Éts Grenier, le pouvoir d'achat des indigènes et le nombre de semoirs qu'ils pourraient bien écouler, même si les Cathala rassurent en avançant qu'il se vendait au Sénégal 3000 à 4000 semoirs à traction animale par an.

Les Cathala ont envoyé toutes les informations requises (nature du sol africain, échantillons de graines d'arachide, etc.) et le prototype qu'on voit sur la photo ci-dessus est bien arrivé à Ngaye. L'on ne sait cependant si les Cathala ont fait bonne fortune, vu que le pays s'acheminait vers l'indépendance et la nationalisation de la filière, de même que le départ massif des commerçants étrangers.

Quoi qu'il en soit, les Lybano-Syriens devinrent une sérieuse menace pour les commerçants français, car « Par leur nombre et surtout par leur connaissance du terrain, les Libano-Syriens devinrent, peu à peu, indépendants des négociants français et se mirent à leur compte » (Nouhou 2012 : 139) et travaillèrent directement avec les firmes françaises. Certainement inspirés par l'exemple libano-syrien, une autre classe d'intermédiaires locaux prit son essor.

2. - Les traitants locaux : leur apport à l'économie

À défaut de pouvoir retracer la biographie sociale de tous les traitants locaux (voir liste en Annexe 9), nous nous limiterons à étudier une pléiade de figures les plus éminentes selon un ordre chronologique. Rappelons que durant la traite arachidière, le mot « traitant » désignait les auxiliaires locaux des commerçants français. Connaissant le pays et les gens mieux que ces derniers, ces traitants avaient pour rôle d'entrer le plus profondément dans le pays afin de collecter pour ces derniers, ou alors ils se mettaient à leur propre compte et vendaient aux négociants français.

Mourath Ndaw (1859-1942) était l'une des figures les plus emblématiques de son temps. Ce père d'Abdoul Aziz Ndaw, ancien président de l'Assemblée nationale du Sénégal, naquit en 1859 à Saint Louis et décéda en 1942 à Ngaye, à l'âge de 83 ans. Il était également l'un des tout premiers traitants de renommée de Ngaye Mékhé.

Quoique Saint-Louisien d'origine, ce fils de Moro Ndaw et de Léna Samba Diallo a des origines qui remontent au Ndoucoumane dans le Saloum, d'où est originaire son grand-père Alassane Ndaw. De Saint-Louis au Saloum, Mourath Ndaw avait le goût de l'aventure puisque, très jeune, il se fit matelot dans les bateaux qui naviguaient sur la ligne Saint-Louis-Kayes. C'est certainement durant cette période qu'il prit goût au commerce, avant de rejoindre son homonyme, Mourath Diagne, commerçant établi en Guinée française.

Photo 17
Mourath Ndaw (1859-1942)

Sources : Archives familiales

Mais avec le commerce arachidier qui battait son plein dans le Kajoor, Mourath Ndaw revint au Sénégal et se mit au service des Éts Maurel et Prom à Kelle, avant de s'établir à son propre compte comme traitant à Ngaye Mékhé. C'est là qu'il mit toute l'expérience acquise dans ses pérégrinations pour développer un capital relationnel et des comportements pratiques utiles dans les affaires, hier et encore plus aujourd'hui.

Comme tous les grands traitants de son temps, M. Ndaw avait son réseau de collecte dans l'*hinterland*. Mais plus que tout, il s'était, grâce à sa générosité et à ses réseaux relationnels, attiré les grâces d'hommes religieux, comme Serigne Touba qui déclara un jour : « *Ku bëgg sa geerte barkel, demal jaay ko Mourath ca Ngaye Mékhé* » (Quiconque voudrait être couvert de baraka pour ses récoltes n'a qu'à aller vendre à Mourath à Ngaye Mékhé). L'histoire relate également que cette année-là M. Ndaw avait reçu plus d'arachides que ne pouvaient contenir ses nombreux et spacieux hangars.

Planche 24
La demeure de Mourath Ndaw

Source : Auteur

Sidy Mohamed Ndaw, petit-fils de M. Ndaw, raconte qu'un homme travaillant pour un commerçant blanc avait escroqué l'argent de celui-ci. Il fut pris, enchaîné et conduit vers la gendarmerie. Mais alors qu'il passait près de la boutique de M. Ndaw, l'homme aperçut ce dernier et supplia ses convoyeurs de le laisser parler au traitant. Quand il expliqua ses déboires à

M. Ndaw, ce dernier fut touché et accepta de rembourser toute la somme que cet homme devait à son employeur.

La générosié de Mourath était légendaire, comme en témoigne ce récit que nous a raconté Saliou Samb que nous avons mentionné plus haut. Cette histoire, S. Samb la tient de feu Iba Soumaré, un homme d'un âge avancé du quartier Lébou :

> « J'étais allé lui rendre visite pendant sa maladie. Alors, il m'a demandé : 'Saliou, sais-tu comment on appelait la maison de ton père quand nous étions jeunes garçons ?' [dans les années 20] 'Non, Soumaré', lui dis-je. 'Keur Maïssa Tend Dior, à cause de l'abondance de nourriture qui y existait', me répondit-il. À l'époque, me dit-il, il y avait deux maisons où l'on pouvait manger à n'importe quelle heure de la journée : chez Mourath Ndaw et chez ton père, Hady Samb. Alors, quand nous avions faim, on se disait : 'Les gars, où est-ce qu'on va aujourd'hui ? À Paris (chez Mourath Ndaw) où à Keur Maïssa Tend (chez Hady Samb) ? » (Entretien 2016).

Grâce à sa piété, M. Ndaw avait gagné l'estime de beaucoup d'autorités religieuses et politiques. C'est fort de ces qualités humaines que le commandant de cercle de Tivaouane lui avait confié la responsabilité de juger les affaires coutumières de Ngaye. C'est également pour rendre hommage à cet homme émérite que le lycée et un collège de Ngaye portent son nom, un fait inhabituel.

Amadou Fall Mandiémé (1891-1957) naquit il y a 126 ans à Ngandiar, près de Mérina Ndakhar. À l'origine de sa réussite, il y a la main invisible de Serigne Touba, raconte son petit-fils, Pape Fall Mandiémé. En effet, son épouse étant atteinte de « *yaradal* » (ses enfants mouraient à bas âge), le père d'Amadou Fall saisit sa chance dès qu'il entendit que Serigne Ngadiaga s'apprêtait à aller rendre visite à Serigne Touba à Khomack en Maurianie. Il supplia le marabout de Ngadiaga de bien vouloir faire le voyage avec le jeune adolescent qu'était Amadou. Le père remit un taureau en guise de « hadiyyah » à Serigne Touba, afin que ce dernier prie pour le jeune garçon.

Photo 18
Amadou Fall Mandiémé (1891-1957)

Source : Archives familiales

Nous ne pourrons pas relater toute l'histoire sociale de cet homme ici, mais retenons qu'après moult péripéties, ils arrivèrent enfin à Khomack. Quand Amadou se présenta devant Serigne Touba, ce dernier lui demanda son nom et le garçon répondit : « Mandiémé ». Alors, le saint homme lui rétorqua que Mandiémé n'était pas un nom et lui donna son propre nom, Ahmadou. Ensuite pour toute œuvre, Serigne Touba lui demanda de déplacer quelques canaris dans l'arrière-cour, ce que fit le jeune garçon avec diligence. Enfin, Serigne Touba pria pour lui et Amadou rentra au Sénégal.

À Ngaye, A. Fall démarra son commerce comme colporteur ou « *butiku mbagg* », littéralement boutique accrochée à l'épaule[21]. Il se plaçait souvent devant l'établissement de Patrousse, qui fait face aux Éts Peyrissac, où les gens de Keur Mandiémé et de Ngadiaga, par solidarité à leur parent, venaient lui acheter quelques objets.

---

[21] Il s'agit d'une petite caisse en bois d'environ trente centimètres de large, cinquante de long et dix de hauteur, avec laquelle les jeunes garçons du monde rural débutent le commerce de détail : miroirs, effets de toilette, petits objets utilitaires, etc.

A. F. Mandiémé était doué pour le commerce et Patrousse découvrit vite qu'il pouvait tirer profit des talents et de la clientèle de ce jeune vendeur. Alors, il l'engagea aussitôt dans sa boutique comme vendeur. Et c'est ainsi que débuta sa relation avec Patrousse qui, au moment de rentrer en France, voulut récompenser Amadou de sa loyauté de et ses bons et loyaux services : il offrit gracieusement une partie de ses biens au jeune Amadou et lui vendit le commerce. Comme plus tard Alé Guèye le fit avec Maurel et Prom, Saliou Samb avec Mme Izaure et Ablaye Sow avec Sallières, Amadou Fall Mandiémé travailla dur et remboursa le prix de la maison au centime près.

Très vite les affaires d'Amadou commencèrent à prospérer. En bon traitant, il étendit ses activités dans l'*hinterland* et investit les points de traite arachidière, comme les commerçants français et libano-syriens : Baba Garage, Thilmakha Mbakol, Darou Diop, Diogo, etc. Très intelligent, A. F. s'appropria leurs méthodes et, mieux, il créa son propre système de transport constitué d'ânes et de chameaux pour collecter les produits à partir de l'arrière-pays. Lors de leurs déplacements, ses caravanes lui rapportaient aussi les produits du terroir. C'est le cas de son homme de confiance, le grand-père de Bassirou Ba de Ndiop, qui était à Darou Fall d'où il lui envoyait les produits des Niayes.

En vérité, A. F. Mandiémé avait très vite pensé à une politique de fidélisation de sa clientèle. À cette époque où la plupart des voyageurs marchaient parce que les moyens de transport étaient rares et peu accessibles à tous, son idée fut de mettre en place une politique logistique de facilitation à l'endroit des cultivateurs désireux de lui vendre leurs arachides.

C'est aussi dans cette veine que s'inscrit très tôt son idée géniale de s'installer à la lisière- est de Mbambara où il fit venir les forgerons du Kajoor spécialisés dans l'outillage agricole. Son idée était très claire : il fournit la matière première aux forgerons, les forgerons fabriquent les outils et les vendent aux paysans qui augmentent leurs productions qu'ils vendent en retour à Amadou Fall ! Celui-ci avait découvert le cercle vertueux de la chaîne de valeur que les économistes d'aujourd'hui recommandent de bien entretenir afin de rendre la filière durable : c'est le partenariat gagnant-gagnant.

À l'instar des Libano-Syriens, A. F. Mandiémé pratiquait aussi les crédits Batignoles. Toutefois, contrairement à ces étrangers, lui, au moins, savait qu'il était du terroir et devait humaniser cette pratique à cause de la parentèle, même s'il était décrit comme un homme de rigueur et de principes.

A. F. Mandiémé consolida son système en s'entourant de personnes de confiance. Il avait deux secrétaires, Khone Djitté de Ngaye-Djitté et Ibrahima Thiam. Son boutiquier était Modou Diagne, le père de Saliou Diagne, l'ancien maire de Ngaye, et son propre fils, Doudou Fall, qui avait fait ses études à Gorée, était son comptable. Cette bonne organisation finit par faire d'A. F. Mandiémé l'un des plus grands traitants de son époque à Ngaye Mékhé. Pour preuve, l'une des bretelles ferrées qui traversaient le « Quartier européen » à partir du quai de la gare se terminait juste devant son commerce.

À cette époque, il était rare de voir un homme noir fortuné et les gens spéculaient. Hélas, cette renommée allait lui attirer des ennuis en la personne du Commandant Cau du cercle de Tivaouane : « Cau pensait que l'origine de la fortune de mon grand-père n'était pas licite. Il le soupçonnait et finit par fermer ses boutiques pendant une année », raconte son petit-fils, Pape Fall Mandiémé.

Cette histoire rappelle à bien des égards le contrôle colonial. L'administration coloniale passait maître dans l'art de construire la suspicion jusqu'à basculer vers la condamnation. A. F. Mandiémé devait certainement se souvenir de la façon dont le rapport de Merlin avait fait de son homonyme, Ahmadou Bamba, un parfait suspect. En effet, pour ce petit-fils, les vrais dessous de cette affaire étaient ailleurs, car A. F. Mandiémé devenait trop puissant et il était à craindre que les traitants locaux, comme les Libano-Syriens, ne finissent, eux aussi, par s'émanciper des négociants français.

Mais le commandant Cau ne réussit pas à briser cet homme qui s'était fait tout seul par la force de son travail. L'héritage le plus retentissant d'A. F. Mandiémé est certainement Abdou Karim Fall, son fils à qui il a mis le pied à l'étrier. Abdou Karim Fall, ou AKF, comme on l'appelle dans le milieu du transport, était l'un des tout premiers et plus grands transporteurs de l'histoire du Sénégal.

Mbacké Djitté (1914-1980), ce fils du terroir, s'est vite forgé une réputation de grand traitant dont les qualités commerciales et humaines sont admirées de tous.

Comme la plupart des traitants locaux de son époque, M. Djitté ne se contentait pas d'acheter de l'arachide ; il en cultivait aussi dans les quatre ou cinq champs qu'il avait dans les villages environnants de Ngaye Mékhé. Il avait également, comme les autres traitants, son propre réseau d'intermédiaires et de collecteurs dans les différents points de traite. Durant la campagne, il stockait des « montagnes » d'arachides dans la grande cour de son établissement sis à la mairie de Ngaye.

Photo 19
Mbacké Djitté (1914-1980)

Source : Archives familiales

Mais M. Djitté avait surtout plusieurs cordes à son arc. En effet, il s'était très tôt rendu compte qu'il devait diversifier ses filières, d'autant que depuis la nationalisation de la filière arachidière, beaucoup de Ngayois s'étaient engagés dans la traite qui risquait certainement d'être saturée. Alors, avec les bénéfices de ses traites, il eut l'idée d'acheter des vergers dans la zone des Niayes, précisément à Djogo et à Mboro, sur la côte nord. Mbacké Djitté avait vu juste, car, raconte son fils, Mamour Djitté,

> « Avec ses vergers, mon père gagnait plus qu'il ne gagnait avec la traite arachidière. Chaque dimanche, on ramenait des vergers des bananes, des oranges, des mangues, etc. C'est mon père qui approvisionnait les femmes de Ngéwel qui vendaient des fruits à la gare, de même que celles qui vendaient au marché, dans les années 1960 et 1970. Il y avait en permanence des fruits dans les magasins de Ngaye Mékhé » (Entretien 207).

De toute évidence, la traite arachidière commençait à perdre du terrain face au commerce des agrumes et légumes. Le fait d'être l'un des premiers à investir cette filière avait fait de Mbacké Djitté un homme riche. Selon un de nos informateurs, à l'époque, il n'y avait qu'une seule maison à étage à Mboro, et c'est Mbacké Djitté qui l'acheta à son propriétaire blanc. Il possédait également une demeure à Dakar, à la Gueule-Tapée, sur la corniche, près de la station Total. À Ngaye, tout le lot entre la maison de Sallières et la mairie lui appartenait également.

Grâce à toutes ses transactions commerciales, la maison de Mbacké Djitté était un véritable marché : « Il fallait voir ça ! » s'exclame Mamour Djitté.

> « Le lundi, la maison grouillait de monde venu d'horizons divers. Les Peuls des Niayes étaient déjà là le dimanche soir avec une centaine d'ânes transportant diverses légumineuses. Ils avaient leur propre espace dans la maison où ils cuisinaient cinq '*mbana*' »[22] (Entrtien 2017).

[22] Grosses marmites pouvant contenir une cuisson de 25 kg de riz.

Mais la demeure de Mbacké Djitté était surtout très bigarrée avec la présence d'au moins une dizaine de malades mentaux qui savaient qu'ils pouvaient toujours y trouver à manger. Ces gens-là étaient souvent débarqués par le train ou y venaient à pied de l'arrière-pays. À l'heure des repas, il arrivait de voir des scènes insolites. Mamour raconte qu'il était courant de voir quelqu'un qui avait un os de poisson coincé dans la gorge (*fot*) et qui, dans l'affolement, buvait l'eau du bol avec laquelle les gens venaient de se laver les mains (*ndoxum raxasu*), pour faire passer l'os !

Mbacké Djitté était également un homme de dialogue et de compromis. Il était de manière routinière sollicité pour le règlement des conflits. Le foncier, par exemple, était très souvent source de litige, surtout à la veille de l'hivernage : « Il m'arrivait à la descente de l'école de trouver à la maison un lot de charrettes en provenance des villages, certains tenant des coupe-coupe, d'autres blessés. Ils étaient là pour solliciter l'intervention de mon père pour le règlement de conflit », déclare Mamour Djitté.

Mbacké Djitté est décédé en 1980. Il a laissé derrière lui une grande famille dont les plus illustres sont Mor Fatou Djitté, cet ancien proche collaborateur de Serigne Abdou Lahat Mbacké, khalif général des mourides, et Mamadou Djitté, chercheur à l'IFAN aujourd'hui à la retraite, pour ne citer que ceux-là.

Quant à Dacoumba Dieng et Momar Fama Diop, ils habitaient côte à côte au quartier Lébou. Né à Keur Madiop dans l'actuel département de Mbour, **Momar Fama Diop** était un traitant célèbre à Ngaye. Comme ses pairs, il avait son circuit de collecte et d'hommes de confiance dans les différents points de traite de l'arrière-pays.

Sa demeure, sise à l'actuelle Départementale, à l'instar des autres traitants du territoire, était parfaitement reconnaissable avec la « montagne » d'arachides que l'on pouvait apercevoir de loin. C'était cela la géographie du terroir, une platitude territoriale parsemée de ces genres de montagnes qui indiquaient les demeures des traitants. Sa maison, qui finit par être assimilée à ce point symbolique, portait le nom de « Angal Mor Fama ». Aujourd'hui encore, les vieilles personnes ont conservé cette appellation, même si le nom de « Angal Pékesse », pour désigner la route qui mène à Pékesse, semble inexorablement supplanter l'ancienne appellation.

M. F. Diop était également connu pour être un fervent disciple de Serigne Touba. Sa fille, la célèbre Astou Diop, plus connue sous le nom d'Astou Diop Mor Fama, a longtemps perpétué cette tradition mouride en convoyant les mourides de la localité à Touba par les wagons que la Régie des Chemins de Fer de Thiès mettait à sa disposition. De toutes les femmes du terroir, elle était la seule, avec Sokhna Sarr du quartier Lébou, à avoir ce privilège et cet engagement. C'est pour cette raison, entre autres, que ces deux grandes dames du terroir recevaient régulièrement chez elles des dignitaires de la confrérie.

Dans la descendance de Mor Fama Diop, l'on peut citer, entre autres, Fallou Diop, ancien officier de la douane sénégalaise.

Dacoumba Dieng (1902-1993) naquit à Thimbogne, près de Gateigne, où il passa sa jeunesse. Mais très tôt ce fils de Moussa Dieng et de Ngoye Dieng entreprit d'élargir son horizon et de faire fortune. Vers 1930, il se rendit à Ngaye Mékhé où il démarra un petit commerce de détail à l'instar des nombreux jeunes ruraux qui descendaient dans les villes. Mais le jeune Dacoumba Dieng était plus ambitieux que cela, il était déjà habité par le goût de l'aventure, cet esprit rêveur qui jetait les gens de son âge sur les routes à la recherche de fortune. C'est ainsi qu'il commença à fréquenter Ibra Guissé, un commerçant de Ngaye-Djitté, qu'il accompagnait en Côte d'Ivoire et au Mali afin d'acheter de la cola pour le marché de Ngaye Mékhé.

Photo 20
Dacoumba Dieng jeune homme

Photo 21
Dacoumba Dieng adulte

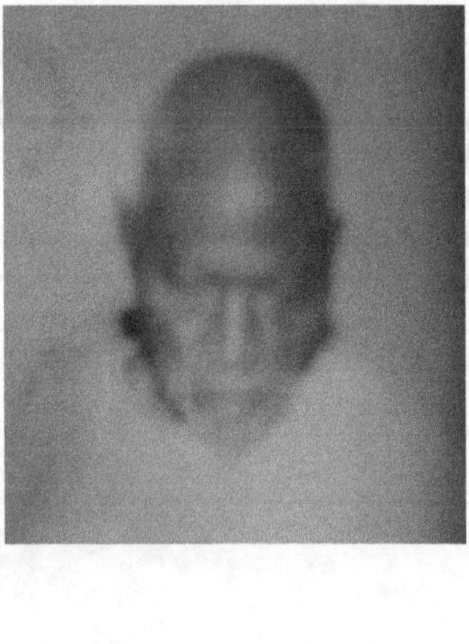

Source : Archives familiales

Avec la traite arachidière en plein essor dans le Kajoor, Dacoumba Dieng ne pouvait pas ne pas s'intéresser à cette filière. En effet, grâce au fruit de son commerce de cola, il disposait de plus de ressources financières pour emblaver beaucoup plus de terres pour la culture arachidière. Naturellement, à l'instar de beaucoup de jeunes issus du monde rural, tels qu'Amadou Fall Mandiémé, D. Dieng se fit traitant et son commerce ne tarda pas à fleurir, si bien qu'en 1945 déjà, il était parti à la Mecque et était propriétaire de camions.

Comme les traitants de son époque, Dacoumba Dieng était également un homme ouvert au souffle fécond de la modernité, surtout à la scolarisation des enfants. Avec l'accroissement des effectifs scolaires vers la fin des années 50, l'ex-École des garçons de Mékhé fut vite confrontée à un problème de salles de classe. Dacoumba Dieng, qui vit à environ 200 mètres de là, affecta à cette école un de ses magasins situés dans sa demeure. En effet, Fatou Diakhaté, la fille d'Ibrahima Diakhaté de Mbambara, avec qui nous avons eu un entretien, rappelle qu'en 1958, elle a étudié dans cette classe en palissade que l'on appelait « *Ekool sakket* ».

Son fils, l'instituteur Lahat Dieng, que nous avons rencontré, garde encore un souvenir vivace de ce dignitaire :

> « Dacoumba Dieng était naturellement porté vers les bonnes actions. Il lui arrivait de faire appel à un crieur public pour tous ceux qui voulaient circoncire leurs garçons. Il en regroupait une centaine et les prenait entièrement en charge jusqu'à guérison totale. Il était également quelqu'un de fier et digne, c'est la raison pour laquelle, même devenu vieux, il continuait à cultiver ses champs et à assurer la dépense quotidienne pour sa famille, malgré le fait que ses enfants étaient assez riches pour s'en charger » (Entretien 2017).

Ngaye Mékhé compte de grandes personnalités issues de cette famille Dieng. Nous voudrions citer Moussa Dieng, l'un des premiers ingénieurs géologues de l'Afrique de l'Ouest. Ce promotionnaire de l'ancien président Abdou Diouf (1981-2000) en France fut directeur de l'hydraulique dans le gouvernement de ce dernier, sous Samba Yella Diop. Son petit frère, Momar Marème Dieng, professeur titulaire de physique-chimie à l'Université Cheikh Anta Diop de Dakar, fut le premier Ngayois directeur de l'enseignement supérieur.

L'un des dignitaires de Mbambara le plus en vue à Ngaye à partir des années 1980 était le traitant et commerçant **Alé Guèye**. Né à Kelle en 1914, il est le fils unique de Fatou Ndiaye de Ndeukou et de Kenn Bougoul Guèye de Kelle.

Adolescent, Alé Guèye apprit le Coran à Thiès, à la mosquée de Nguint, avant de s'installer plus tard à Ngaye où il travailla chez Maurel et Prom comme cuisinier. Avec son salaire, A. Guèye faisait des investissements dans le commerce de peaux tout en cultivant des champs d'arachides dans les villages environnants de Ngaye : Thiare, Thine, Ngass, etc. Tout naturellement, le Kellois ouvrit une boutique chez lui et s'engagea dans le commerce de denrées qui était encore florissant.

Photo 22
Alé Guèye (1914-1998)

Source : Archives familiales

Grâce à ses talents commerciaux et à ses relations, il développa son commerce et l'élargit aux matériaux de construction au lendemain de la Deuxième Guerre mondiale, avec la reprise du commerce et des transactions internationaux et le début d'une certaine modernité à Ngaye marquée par la disparition progressive des cases et des huttes au profit des baraques et des constructions en dur. Il était même dans la construction de salles de classe.

Au début des années 60, Alé Guèye avait déjà acquis une certaine fortune qui faisait de lui l'un des hommes les plus riches de Ngaye. C'est ainsi qu'il se mit à acquérir quelques maisons françaises, comme Maurel et Prom, Chavanel et Commerce Africain, avec le départ des commerçants. Son fils, Ablaye Guèye, dira qu'il était le premier à s'engager dans une telle entreprise. Et, comme pour s'étonner des qualités entrepreneuriales de son père, il ajouta que son père n'avait passé qu'une semaine à l'école française mais s'exprimait de manière intelligible en français, et qu'il était fort en calcul mental. En fait, il n'avait jamais accepté d'utiliser une calculatrice !

Mais Alé Guèye était aussi connu pour sa piété. Ce fervent disciple tidiane était un homme de cœur qui aimait rendre service. Il s'acquittait de la zakat, une somme considérable qui allait chaque année aux nécessiteux, en plus des enveloppes qu'il distribuait dans la plus grande discrétion aux gens de Ngaye et d'ailleurs. Sa ferveur religieuse était telle qu'au moment d'aller faire le pèlerinage à la Mecque, il se contenta uniquement de l'argent des ventes de ses produits agricoles, dont on dit qu'ils sont plus licites.

Cette générosité et cette piété lui valurent également l'amitié et la satisfaction des hommes religieux de tous bords : Cheikh Awa Balla Mbacké, Serigne Abdou Lahat et Cheikh Mbacké Gaïndé Fatma dont on dit qu'Alé Guèye était la « copie parfaite » à cause de leur stature et de leur forte présence. Pas étonnant que sa confrérie décida de l'élever au grade de *Moukhadam* et que les dignitaires de Tivaouane considèraient sa demeure comme la deuxième d'El Hadji Malick, après la ville sainte de Tivaouane.

Au crépuscule de sa vie, sachant que les temps étaient durs et que ses créanciers avaient de la peine à rembourser, Alé Guèye décida d'éponger les dettes de ces derniers. Il sillonna Ngaye et son *hinterland* et déchira toutes les reconnaissances de dette devant les concernés.

Djiby Guèye, son fils cadet, se souvient encore de la magnanimité de l'homme :

> « Un jour, à ma grande surprise, je l'ai trouvé seul dans sa chambre en train de sangloter. 'Père, qu'avez-vous ?' lui demandai-je, inquiet. 'Regarde ces oiseaux, ils ne sont allés ni chez Sallières ni ailleurs, mais sont venus manger et boire chez moi', parvient-il à marmonner d'une une voix brisée. J'étais vraiment très ému de constater que mon père s'inquiétait et s'émouvait de cette bande d'oiseaux qu'il nourrissait avec un plateau de mil et un bol d'eau depuis un bon bout de temps. Il avait même fini par les connaître individuellement et savait parfaitement lequel d'entre eux n'était pas venu. Quand je pense à cette grandeur d'âme et à l'époque dans laquelle nous vivons, je ne peux m'empêcher de penser que ces gens-là étaient vraiment des saints » (Entretien 2016).

Après avoir été élevé au rang de *Moukhadam* de la confrérie tidiane, Alé Guèye fut décoré de l'Ordre National du Lion le 23 mars 1993. Cet homme accompli aimait dire à ses enfants qu'il avait les remerciements de sa confrérie, ceux de son pays, mais également ceux de son père à qui il apportait un repas préparé de sa propre main, à cheval, de Ngaye Mékhé à Kelle. Et il ajoutait que ce cheval était devenu les belles voitures qu'il possédait. Ensuite, il les exhortait à œuvrer dans la droiture et le respect des principes de l'islam.

L'histoire des Mourath Ndaw, d'Amadou Fall Mandiémé, de Mbacké Djitté, de Momar Fama Diop, de Dacoumba Dieng et d'Alé Guèye révèle des parcours intéressants à plus d'un titre. C'est l'histoire des premiers "*self-made men*" connus de Ngaye, c'est-à-dire d'hommes qui se sont faits tout seuls à force de créativité et de résilience, comme Carnegie ou Rockefeller l'avaient été en Amérique.

Ces traitants, qui n'étaient pas allés à l'école coloniale, venaient d'exploser le mythe du colonialisme, selon lequel la réussite passait nécessairement par l'école du Blanc. En vérité, ils se sont juste contentés (pour certains) de quelques rudiments de l'école française pour faire leur chemin à leur manière. En effet, à Ngaye, l'école coloniale dispensait aux adultes qui le désiraient des cours du soir, entre 15 heures et 17 heures. Il ressort d'un rapport du commandant de cercle de Tivaouane, en date du 3 avril 1913, que « Les cours d'adultes, très achalandés, ont en permanence 30 auditeurs » (ANS, 1913 : 3).

Ces adultes de Ngaye ne voyaient pas la nécessité de poursuivre de longues études. Ils avaient juste besoin du minimum requis pour être un bon traitant : savoir lire et écrire et faire les quatre opérations. Évitant ainsi le risque de déracinement qu'ont combattu les chantres de la Négritude, ces traitants disposaient des outils nécessaires pour jouir pleinement de la traite arachidière.

Ce qui est intéressant ici, c'est de voir que, bien avant le grand mouvement de la Négritude des années 1920, il y avait déjà à Ngaye Mékhé, au début du XXe siècle, des gens qui avaient très vite compris et assimilé le principe d'ouverture et d'enracinement si cher à Senghor. Cela témoigne d'un certain esprit d'ouverture, de dialogue et de discernement.

Ces pionniers ont laissé de grandes familles qui font jusqu'à nos jours la fierté de Ngaye Mékhé.

III. - La naissance du travail salarié à Ngaye Mékhé

Toutes ces activités qui gravitaient autour de la gare, des maisons de commerces, des usines de décorticage et des *mbaam raay* (littéralement âne sur rail, un engin sur rail qui servait à transporter des marchandises dans le « Quartier européen ») requéraient une main-d'œuvre dans le travail à la chaîne qui débutait chez le négociant et se terminait sur le quai d'embarquement, en passant par tout un circuit économique. Nous abordons donc, ici, une histoire du travail salarié à Ngaye Mékhé.

La gare ferroviaire est certainement le premier pourvoyeur de travail salarié dans l'escale de Ngaye Mékhé. Tout un personnel subalterne gravitait autour de celle-ci : passeurs de clefs au chef de gare, poseurs de pétards, agents de nettoiement des wagons, débroussailleurs, etc.

Pendant les premières décennies du XXe siècle, on pouvait voir le long de la voie ferrée de petites bâtisses de couleur blanche, les haltes, comme celle de Ndia à environ 2 km de Ngaye. Les haltes n'ont pas de gare, vu que le train ne s'y arrêtait que cinq minutes environ pour permettre à des voyageurs de monter à bord ou de descendre.

Mais dans ces bâtisses étaient également logées les équipes chargées de surveiller et d'entretenir les rails. Là était entreposé du matériel, comme des pelles, des brouettes, des fourches, des cisailles, et quelques pièces détachées, etc. Le travail de ces veilleurs consistait à débroussailler la voie, mais il paraît aussi que la Régie se méfiait des actes de sabotage de ceux qu'elle considérait comme des partisans de Lat Dior.

Par ailleurs, ce qui était communément appelé « tournée » à l'époque, par exemple, consistait à inspecter la voie ferrée la nuit. Ces hommes avaient tout l'attirail nécessaire (gants, bottes, masques, torches, etc.) pour se protéger des reptiles et autres bêtes, comme les scorpions, et détenaient des machettes, et peut-être même des armes à feu pour se défendre et parer à toute attaque.

Ensuite, il y avait la traite des arachides qui occasionnait tout un travail de manutention. Rappelons qu'avant la traite arachidière, les échanges commerciaux dans le Kajoor étaient dominés par le troc où le travail rémunéré se payait en nature. Avec la monétarisation de l'économie en 1930, juste au lendemain de la crise de 1929, les prestations de services pouvaient désormais être payées en espèces sonnantes et trébuchantes. À la base de cette main-d'œuvre, il y avait les opérations de manutention qui comprenaient les transports entre les différentes structures ; juste après la production intervenaient le pesage, le conditionnement, les transports de distribution et l'emmagasinage.

Quand les stocks d'arachides en provenance de l'arrière-pays arrivaient chez le négociant, les porteurs procédaient au déchargement des sacs et le stockaient dans les grands entrepôts qu'on trouvait dans chaque maison de commerce. Ces bras, comme on en trouve encore à Ngaye Mékhé, étaient des spécialistes du chargement et du déchargement. Pour cela, ils étaient souvent regroupés aux abords des maisons de commerce, s'ils ne s'identifiaient pas simplement à ladite maison.

Le moment venu, les sacs étaient acheminés des entrepôts vers l'usine de décorticage à l'aide du *mbaam raay*. Ce travail était exécuté par une autre catégorie de personnes qui avaient la maîtrise de cet engin qui requérait force et dextérité pour le faire fonctionner : il fallait de gros bras pour pousser une fois arrivé sur une pente ascendante, et un levier avec lequel le propulser vers l'aval d'une pente descendante, comme nous l'avons expliqué plus haut.

À l'usine, un groupe d'ouvriers était chargé de cribler l'arachide avec une trieuse (*taaraar*) à partir de laquelle on se débarrassait des mauvaises graines, des brindilles, des détritus, du sable, etc. pour ne garder que les coques bien pleines. Ce processus de tri était très important et rendu obligatoire par les Services du Conditionnement des Arachides. Durant la traite, tous les contrats de vente entre vendeurs et acheteurs stipulaient clairement que les vendeurs devaient livrer des sacs de « graines sèches, loyales et marchandes », répondant au règlement du Conditionnement des Arachides, c'est-à-dire exemptes de « corps étrangers, poussières et sables » après criblage—voir exemple de contrat de vente en Annexe 12.

À défaut, les vendeurs pouvaient faire cribler leurs sacs d'arachides en coque à la gare maritime de Dakar et à leurs propres frais. Pour une quantité de 50 tonnes d'arachides, par exemple, ces corps étrangers, sables, etc., pouvaient atteindre 200 à 250 kg. Voilà qui explique pourquoi les Cathala et les Sallières avaient fini par se procurer chacun sa propre décortiqueuse qui leur permettait d'aller plus loin dans le traitement et le conditionnement des arachides.

Avec une usine de décorticage, les graines étaient tout bonnement séparées de la coque et mises en sacs. Là, il y avait une équipe chargée de manipuler la machine, du début à la fin du processus de transformation. Mais, à ce stade, les brisures de coques se mêlaient aux graines qu'il fallait encore enlever avant de les remettre en sac. C'est seulement à ce moment que les sacs étaient acheminés vers le quai de la gare à travers le réseau ferroviaire interne que nous avons décrit plus haut, ou entreposés dans les hangars en attendant de les acheminer à Dakar le moment venu.

Planche 25
Vestiges du quai de la gare. Au fond, les PTT

Source : Auteur

La plupart de ces travailleurs étaient des journaliers, ou des temporaires qui étaient là le temps d'une campagne, c'est-à-dire trois à quatre mois. En revanche, les chauffeurs, les boutiquiers, les cuisiniers, les gardiens, etc. bénéficiaient d'un salaire et de conditions de travail conformément au Code du travail de l'époque. Ainsi, ils avaient un volume horaire de travail hebdomadaire qui était de 40 heures, une couverture médicale, un congé payé, etc.

En AOF, un arrêté fixait les salaires horaires minima interprofessionnels garantis pour toutes les professions soumises au régime de la durée hebdomadaire du travail de 40 heures, suivant des zones de salaires. Pour ce qui était du territoire du Sénégal, par exemple, l'arrêté du 8 juillet 1953 du Gouverneur de la France d'Outre-mer, Gouverneur du Sénégal, fixait ces salaires selon les sept zones définies comme il suit (1953 : 2-3) :

Tableau 6
Zones de salaires et salaires minima interprofessionnels garantis pour le territoire du Sénégal

N° Zones	Zones	Salaires minima horaires en FF	Taux journaliers pour 10 heures de travail
1ère zone	Délégation de Dakar	27.15	271.50
2e zone	Villes de Saint-Louis, de Kaolack et de Thiès dans un rayon de 5 km	24.40	244.00
3e zone	Villes de Diourbel et de Ziguinchor dans un rayon de 5 km	22.25	222.50
4e zone	Cercles de Kaolack, de Thiès, Diourbel, de Ziguinchor et de Tamba	21.15	211.50
5e zone	Ville de Louga	20.75	207.50
6e zone	Cercles du Bas-Sénégal et de Louga	19.55	195.50
7e zone	Tous les autres cercles du Sénégal	19.00	190.00

Source : Code du Travail de 1953 du Gouvernement de l'AOF

Ces grilles salariales peuvent être très énigmatiques pour ceux qui sont nés après l'indépendance. Mais rapportés au FCFA avant la dévaluation, c'est-à-dire multipliés par 100, les taux journaliers de 10 heures de travail, multipliés par 30 jours de travail environ, montrent des salaires qui dépassent tous le salaire minimum garanti des travailleurs salariés du Sénégal d'aujourd'hui. Les salariés de Ngaye, qui appartenaient à la 7e zone, avaient des salaires qui leur permettaient d'entretenir leurs familles, car, à l'époque, le pays n'avait pas encore connu le renchérissement de la vie qu'il connaît aujourd'hui.

C'est également au début du travail salarié que Ngaye Mékhé connut ses premières grèves des travailleurs. En 1920, par exemple, le non acheminement de mille tonnes de graines entreposées sur le quai de Ngaye Mékhé occasionna un mouvement d'humeur dans le petit commerce.

En effet, la lenteur dans l'acheminement des graines du Service de Ravitaillement avait occasionné une forte crainte chez ces commerçants, avec les pluies qui menaçaient de s'abattre sur Ngaye à tout moment. Ces derniers initièrent une pétition pour l'enlèvement de leurs graines.

Mais ce qui a surtout retardé cette opération, c'était la grève des ouvriers qui avaient cessé toute opération de manutention pour réclamer de meilleures conditions de travail. Plus exactement, ils allaient en grève pour des salaires qui n'étaient pas payés à temps ou parce que le taux du salaire journalier en vigueur n'était pas en rapport avec celui payé par les commerçants de l'escale[23].

Comme le révèle cette partie sur le travail salarié à Ngaye Mékhé, la gare était le premier pourvoyeur d'emplois salariés et alimentait l'économie locale grâce à ses adjuvants. Il faut ajouter à ces travailleurs les employés de maison des établissements de commerce, tels que les cuisiniers, les blanchisseuses, etc. Le personnel de l'administration coloniale locale, les enseignants français et peut-être même des assimilés, comme les enseignants indigènes, disposaient de leur propre personnel de maison. Après tout, « Nous sommes au siècle où il faut avoir 'sa cuisinière', 'son boy', 'sa blanchisseuse' et rien de moins » (Sadji, 1988 : 135), comme c'était le cas chez les mulâtres de Saint-Louis.

De 1900 à 1960, la vie économique de Ngaye Mékhé a été particulièrement rythmée par la traite arachidière. Au cœur de ce système était la gare ferroviaire, le hub autour duquel gravitait tout un système d'adjuvants qui innervait le tissu économique du territoire. Grâce à cet espace économique colonial, des hommes et des femmes de Ngaye Mékhé ont pu, par leur détermination, leur créativité et leur sens des affaires, se construire un « empire » financier et se faire un nom à travers le Sénégal.

[23] En fait, dans ce rapport en date du 31 janvier 1920, l'administrateur du cercle de Tivaouane se plaignait indirectement auprès du gouverneur du Sénégal contre le Service de Ravitaillement pour que les graines soient enlevées d'urgence.

CHAPITRE II

LE COMMERCE DE DÉTAIL : LES MARCHÉS DE NGAYE MÉKHÉ

Durant cette période de traite arachidière que nous venons de décrire, qui va de la période d'entre-deux-guerres à la veille de l'indépendance en 1960, s'étaient naturellement développés à Ngaye Mékhé des lieux d'échanges. Trois marchés s'étalaient sur l'axe est-ouest, les deux aux deux sorties de la ville et, l'autre, au centre de l'escale.

I. - Les marchés de Ngaye

Le marché central et des excroissances en commerce de part et d'autre de ce quartier commercial, que sont Ngaay Xaaxaam et Daxxaar Gatandu, avaient des fonctions bien différentes et participaient activement à l'essor économique du territoire.

1. - Le marché central

Dans les parties précédentes, nous avons surtout lié le marché et les activités mercantiles au « Quartier européen » par son envergure commerciale reposant essentiellement sur le commerce de l'arachide et le négoce. En vérité, le marché central est intimement lié au quartier escale en ce qu'il est abrité par ce dernier, mais diffère par son statut marchand. C'est de cette spécificité que nous voulons traiter ici en la mettant en regard avec les autres marchés de l'époque, qui sont tout aussi spéciaux.

Le marché central, que les gens de Ngaye appellent « *dër bi* », la surface bitumée, par opposition à l'environnement sableux, consiste en un grand bâtiment avec un toit en taules métalliques construit au cœur de l'escale. Ce marché, situé à environ cent mètres de la gare ferroviaire, aurait pu être rangé parmi les adjuvants de celle-ci en raison des relations qu'ils ont très tôt entretenues. En effet, dans les dix premières années de son existence, le chemin de fer n'avait pas uniquement servi à transporter des personnes, mais aussi de la marchandise en provenance de l'axe Dakar-Saint-Louis.

En vérité, les activités de ce marché débutèrent bien avant même la construction de la gare ferroviaire en 1911. Aux alentours de 1900, cet espace n'était qu'une esplanade où les traitants, et les négociants qui dès 1896 commençaient déjà à acquérir des titres fonciers à Ngaye, effectuaient leurs opérations pendant la période de la traite arachidière.

La photo ci-dessous, montrant une scène de traite arachidière quelque part au Sénégal en 1897, illustre à merveille ce que devait être le marché de Ngaye à cette époque.

Planche 26
Traite arachidière au Sénégal en 1897

Source ANS

Nous pensons, par ailleurs, que le fameux *Altiney Ngaay*, le marché hebdomadaire du lundi de Ngaye Mékhé, débuta à cette période. Pour le choix du lundi, nous posons l'hypothèse qu'à cette période où les Européens n'étaient pas encore bien installés à Ngaye, l'essentiel d'entre eux venait de Gorée, Dakar ou Rufisque et profitaient du week-end pour faire le voyage, se reposait le jour du Seigneur avant de se présenter au marché le lendemain, lundi.

Mais nous pensons que les bases de ce marché furent jetées bien avant la pénétration coloniale. En effet, Ngaye a longtemps été une zone de marigots et donc un passage obligé pour les éleveurs qui traversaient ce territoire. Il est à croire que c'est lors de ces passages qui permettaient aux hommes et aux bêtes de s'abreuver, de manger et de se reposer que débutèrent des échanges avec les populations locales et riveraines.

Dans l'imaginaire « dioulo », la quantité importante d'excréments des animaux domestiques sont les premiers signes précurseurs de la richesse d'un territoire. Autrement dit, le territoire de Ngaye conservait déjà en son sein les germes de la capitale économique du Kajoor qu'elle allait plus tard devenir.

Étant donné donc la fortuité de l'espace que représentait le marché de Ngaye, l'idée de bien l'aménager ne tarda guère à s'imposer à l'administration coloniale, car les traitants locaux commençaient déjà à se plaindre du soleil ardent et des intempéries. Dans un rapport daté du 31 décembre 1912, Sainte Marie Le Fèvre, administrateur de la commune de Ngaye Mékhé, attire l'attention du gouverneur de Saint-Louis sur la nécessité de prendre des mesures :

> « Maintenant que la commune sait où elle va, il est indispensable qu'elle les [les travaux du marché] entreprenne de suite. On pourrait, et la question viendra à son heure, commencer déjà un embryon de marché couvert à 6 ou 8 piliers en briques recouverts de tôles ondulées. Les traitants, qui paient des droits, sont fondés à réclamer un abri contre le soleil et la pluie » (1912: 3).

La commune mixte de Ngaye Mékhé, qui venait tout juste d'être créée un an auparavant, cherchait à prendre ses marques. Après l'érection de la gare ferroviaire en 1911, la même année que la commune, parer au plus pressé pour ces autorités coloniales locales, c'était de construire un marché.

C'est la raison pour laquelle, pour l'exercice 1913, un crédit de 3.145.16 FF a été sollicité par l'administrateur de la commune de Ngaye auprès du gouverneur de Saint Louis, ce qui allait faire passer le budget de 23.875 FF de 1912, à 28.990 FF pour l'exercice 1913. Toutefois, le budget prévu pour l'édification du marché de Ngaye Mékhé, qui était de 5.145 FF au début, n'était pas suffisant à cause de l'accroissement considérable du prix des matériaux de construction qui s'était opéré entre-temps.

En plus de l'arachide, le marché de Ngaye commença bientôt à recevoir d'autres types de marchandises en provenance des villes côtières, comme Dakar, Saint-Louis et Rufisque, grâce à la ligne ferroviaire. Ces villes escale approvisionnaient le marché central de Ngaye Mékhé en produits halieutiques si rares à l'époque dans le territoire. Dans les habitudes alimentaires des gens de Ngaye, on ne comptait pas du tout sur les produits halieutiques, comme le poisson frais ou fumé, le « *gejj* » ou le « *yeet* » parce que Ngaye, bien que se situant à environ une vingtaine de kilomètres de la côte de Diogo, n'avait pas vraiment (et ce, jusqu'à nos jours) cette ouverture sur la mer pourtant si proche.

La vente de ces produits rares, qu'on ne trouvait pas sur le territoire, en plus de celle des légumineuses des Niayes, donnait tout son sens au marché central qui était l'endroit indiqué pour ce genre de produits. Par leur forte odeur, ces produits ne pouvaient certainement pas être stockés dans les boutiques des commerçants. Ces derniers étaient plutôt spécialisés dans la vente de produits importés de la métropole, tels que les médicaments, le café, le sucre, les tissus, les matériaux de construction, de quincaillerie, etc.

On imagine comment ces produits halieutiques ont changé les habitudes alimentaires des Ngayois, qui étaient essentiellement composées de céréales. En effet, le « *laax* », bouillie épaisse consommée avec du lait caillé, du jus de « *uul* » ou de tamarin, était le plat le plus courant pour le déjeuner. Quant au dîner, c'était souvent du couscous préparé et servi avec du lait ou de la sauce de « *mbuum* » (feuilles) ou de « *dege* » (patte d'arachide), ou encore cela pouvait être du « *cerey siim* », du couscous à la sauce fluide aux haricots ou à la viande. L'autre plat qui était souvent servi au dîner était du « *laaxu caaxaan* » (pudding à base de mil), mélange du manioc et d'arachide à moitié en poudre (*gerte nooflaay*).

Environ une décennie plus tard, avec l'édification des maisons de commerce, les traitants se déplacèrent vers celles-ci, laissant le marché central aux marchands de céréales, de légumineuses et de produits halieutiques.

Avec l'accroissement de ces activités, des marchands commencèrent à installer leurs étals tout autour du hall du bâtiment central et débuta ce qu'on pourrait aujourd'hui appeler une sorte de « ghettoïsation » du marché. C'est à cette période que le cœur du centre-ville commença à se défigurer jusqu'à donner à cet espace le visage peu attrayant qu'on lui connaît aujourd'hui.

2. - Ngaay Xaaxaam

Le marché de *Ngaay Xaaxaam*, localisé dans le quartier Ngaye-Djitté à quelques mètres de la gare, couvrait l'espace qui se trouve aujourd'hui entre la mosquée mouride et la maison de Mbacké Djitté. Il tire son nom des broussailles épineuses (*xaaxam*, en wolof) qui couvraient la zone[24]. Ce marché recevait les légumineuses des Niayes (Mboro, Fass, Djogo, etc.), telles que le manioc, la patate douce, etc., de même que des fruits, tels que les mangues, les bananes, etc.

Mis dans des sacs de 50 kg et de 100 kg, les produits étaient acheminés à dos d'ânes et de chameaux. Ces marchands peuls quittaient les Niayes le dimanche à l'aube et ralliaient Ngaye Mékhé vers 11 heures, où les marchands détaillants et les ménagères les attendaient avec impatience. Pressées d'aller préparer le déjeuner, ces ménagères se le disputaient avec les détaillants qui voulaient à tout prix tout rafler. Pour éviter cela, elles couraient parfois au-devant des marchands dès qu'elles les apercevaient. Quand elles mettaient enfin la main sur un sac, celles qui n'avaient pas les moyens d'acheter le sac en entier s'associaient avec d'autres femmes pour se le partager. Moustapha Guèye et Bouna Fall, qui géraient les bascules moyennant une ristourne en nature, s'assuraient que chacune ait sa part.

[24] Il est à noter que l'espace près des gares ferroviaires, couvert de végétations épineuses, semble partout porter le nom de Xaaxaam, comme c'est le cas à Sébikhotane (Kandji 2013 : 62).

Photo 23
Farma Tall, jeune fille

Source : Archives familiales

Farma Tall est aujourd'hui âgée de 82 ans. Cette habitante du quartier Lébou se souvient encore de ce marché où elle accompagnait sa tante Aminta Diop pour acheter des patates douces ou du manioc :

> « Je devais avoir 13 à 15 ans. J'y allais avec ma tante tôt le matin pour être sûre de nous approvisionner avec les premiers arrivants des Niayes. Nous achetions soit des patates, soit du manioc pour faire du rôti que nous vendions par la suite.
>
> À l'époque, les temps étaient durs, ce n'est pas comme aujourd'hui où l'on peut manger le plat de son choix. Manger du *ceebu jen* (riz au poisson), par exemple, n'était pas donné à tout le monde. Rares étaient aussi les personnes qui en vendaient, comme Aminata Seck (une voisine du quartier lébou).
>
> Vers 17 heures, notre rôti était prêt. C'est moi qui portais le bol et ma tante marchait derrière moi.

> Notre première étape était chez Moussa Kaïré (ancien imam de la mosquée centrale de Ngaye). À cette heure, il était déjà entouré par ses enfants. Il avait de la famille, Moussa Kaïré ! Ils couraient vers nous dès qu'ils nous apercevaient et nous escortaient jusqu'à Moussé Karé, assis sous le grand acacia devant la porte de sa maison. L'imam achetait leur *njogonal* (souper) à tous les enfants.
>
> Ensuite, nous nous dirigions vers notre seconde destination. Même les adultes aimaient notre rôti de manioc parce qu'il n'était pas cher et les temps étaient durs, comme je le disais tantôt. De là, on allait s'installer sur le perron des Ets Chavanel. Il nous fallait un rien de temps pour tout vendre » (Entretien 2016).

Voilà comment ce marché faisait vivre beaucoup de familles ngayoises en leur permettant de préparer des repas bon marché selon leurs moyens et de les vendre à des prix abordables. Cela permit à des familles d'éduquer leurs enfants, d'acheter une maison et, dans certains cas, d'effectuer le pèlerinage à la Mecque.

Il est évident que la proximité de ce marché avec la gare ferroviaire n'était pas un hasard. En effet, tout comme le train apportait les produits du nord et de l'ouest, il emportait avec lui aussi les sacs de légumineuses du marché Ngaay Xaaxaam.

3. - Daxxaar Gatandu

Bien qu'assez éloigné, ce marché faisait bel et bien partie du réseau de marchés de l'époque. Daxxar Gatandu se trouvait à l'extrême-est de Ngaye, sur l'axe Pékesse et à quelques mètres de l'embranchement qui mène vers Baba Garage et Bambey. Cet emplacement stratégique le plaçait en position de carrefour.

Contrairement à Ngaay Xaaxaam, qui fournissait des produits frais (*njaay mu tooy*), à Daxxaar Gatandu on vendait des produits secs (*njaay mu wow*), le plus souvent des céréales en provenance de l'*hinterland*. L'appellation *Daxxaar Gatandu* provient de la juxtaposition d'un nom d'arbre *daxxaar* (tamarinier) et d'un verbe, *gatandu*, littéralement « aller à la rencontre de ». Autrement dit, les détaillants s'empressaient d'intercepter les paysans de l'intérieur du Kajoor à hauteur de ce grand tamarinier à la sortie de Ngaye, pour acheter leurs produits à moindre prix. Cette démarche permettait d'éviter l'âpreté de la loi de l'offre et de la demande qui sévissait sur le marché.

Figure 2
Chronotope de la gare et de ses adjuvants

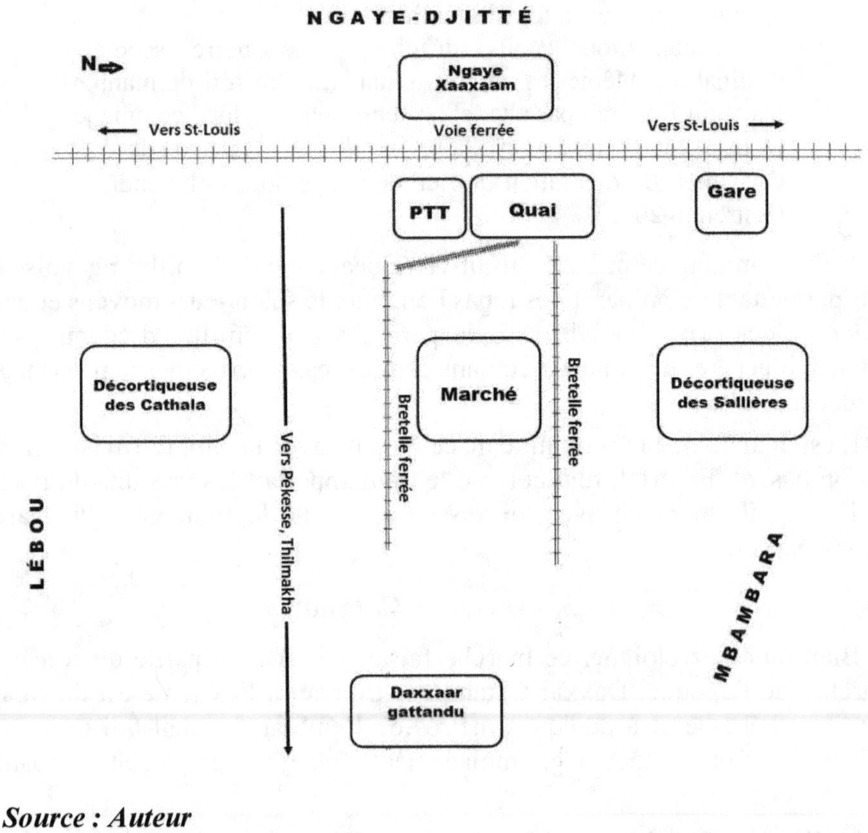

Source : Auteur

C'est de cette manière, très informelle du reste, comme tous les marchés qui naissent, que ce marché s'est créé. Sa position très éloignée (environ un kilomètre) du quartier escale n'en faisait pas moins un important marché de cultures vivrières, très prisées par les gens de Ngaye Mékhé et de son *hinterland*.

II. - ALTINEY NGAAY, UNE SPÉCIFITÉ DU TERROIR

Altiney ngaay, ou les lundis de Ngaye, est le grand marché hebdomadaire qui se tient à Ngaye tous les lundis. Il est une spécificité du terroir parce que c'est le premier marché du genre dans la localité et son arrière-pays. Cette grande foire, pour se rencontrer et pour faire des affaires, fait dire au célèbre griot de Koul, Ibra Déguène Niang, que « *Ngaay mooy marsep Kajoor* », Ngaye est le marché du Kajoor.

Il est difficile de dater la création de *Altiney Ngaay* que certains fixent avant la colonisation. Pour d'autres, il serait né du commerce atlantique qui ferait de Ngaye Mékhé, par sa position sur la bande atlantique, un lieu d'échanges. Aucune des localités de l'*hinterland* n'était assez bien positionnée, géographiquement parlant, pour polariser la région. Les capitales du Kajoor, comme Mbul ou Ngigis, avaient certes un pouvoir politique, mais étaient défavorisées par leur position géographique, ce qui explique d'ailleurs leur régression avec la fin de la royauté.

Ce qui est clair en revanche, c'est que ce lieu de rendez-vous commercial hebdomadaire qu'est Ngaye a été popularisé par la traite de l'arachide. C'est le pôle économique que constituait ce territoire, grâce à la voie ferrée, qui a surtout créé ce marché qui est devenu le grand marché pour l'écoulement des produits de l'*hinterland.* Durant l'époque coloniale, ce marché se tenait dans l'espace du « Quartier européen ».

L'atmosphère des *altiney Ngaay*, surtout en période de traite arachidière, était un spectacle pas comme les autres. Dans une émission *Demb*[25]consacrée à la traite arachidière, Mor Maty Sarr recrée cette atmosphère, avec l'arrivée spectaculaire des bœufs, des ânes et des chameaux des marchands de l'*hinterland* au marché de Ngaye :

> « On les entendait venir grâce aux multiples grelots qui servaient de parures à leurs bêtes. Les chameliers marchaient derrière leurs chameaux lourdement chargés et les abreuvaient d'éloges. Alors, les chameaux blatéraient, gonflaient la gorge et battaient de la queue. C'était un vrai spectacle ! » (2011).

---

[25] Émission *Demb* du 20 juillet 2011, consacrée à l'arachide et animée par Tall Ngol Ngol. À voir sur Youtube : https://www.youtube.com/watch?v=Rlb7YFLyC-A. Consultée le 12 janvier 2016.

Cette affluence que décrit Mor Maty n'avait jamais décliné jusqu'aux années 50. La route de Sakh était l'allée principale du « Quartier européen » où l'on comptait le plus de comptoirs commerciaux. Elle était communément appelée « *mbedu naar yi* », la rue des Libano-Syriens, à cause de la présence massive de ces derniers. Mais d'autres parlaient de « *mbeddu naari* », la rue infernale. Cette référence à l'enfer n'était certainement pas exagérée si l'on considère la densité humaine dans cette rue, le nombre de bêtes de somme qui y circulaient, sans compter la bretelle ferrée qui transportait les marchandises vers le quai de la gare.

Planche 27
L'artère principale du « Quartier européen ».

Source : Auteur

S'il y a quelqu'un qui était bien placé pour admirer ce spectacle, c'est Saliou Samb qui travaillait dans les années 50 chez Joseph Izaure dont le commerce se situait près des PTT, dans le prolongement de la gare. En effet, de là, on avait presque une vue plongeante sur « la rue infernale » :

> « Les gens étaient pressés comme des sardines. C'était comme circuler aujourd'hui aux alentours de la mosquée de Touba le jour du Magal. Il fallait se bousculer pour se frayer

un passage. Le spectacle était le même du début au bout de la route », raconte Saliou Samb avec émerveillement, avant de s'interroger : « Je me demande encore où sont tous ces gens. Les lundis sont bien vides maintenant » (Entretien 2017).

Juste après la création de la gare routière de Ngaye en 1959, un autre élément commença à s'agréger au décor pittoresque du *Altiney Ngaay* : les charrettes hippomobiles. Étant devenu le moyen de transport de personnes (et même de marchandises) le plus utilisé à partir de cette époque, et dans les années consécutives, dans l'*hinterland*, les lundis de Ngaye étaient devenus un incessant défilé de ces chararettes qui arrivaient tôt le matin à Ngaye.

Planche 28
Charrette en provenance des villages environnants

Source : Auteur

Ces véhicules se garaient aux abords immédiats ou dans la cour des anciennes maisons de commerces reprises par des Mauritaniens ou par des gens de Ngaye. En vérité, elles étaient partout sur les rebords des rues, rendant celles-ci plus étroites et la circulation plus difficile. Dans ces conditions, il n'était pas rare que les brancards d'une charrette heurtent mortellement un piéton.

Aujourd'hui encore, *Altiney Ngaay* est l'exemple du commerce de détail par excellence qui polarise les villages des actuelles communautés rurales de Koul, de Méouane et de Mérina Ndakhar, et même de localités plus éloignées ; le poisson fumé et frais en provenance de Mbour ou Joal, les légumineuses qui viennent de Mboro, Djogo ou Fass Boye, ou encore les fruits qui proviennent de l'axe Tivaouane-Pout, tout cela s'y retrouve.Les contrées historiques plus proches de Ngaye, telles que Koul, Méouane ou Mérina Ndakhar, approvisionnent le marché de Ngaye surtout en cultures vivrières, mil, maïs, haricots, etc., acheminés par des camionnettes, mais surtout par des charrettes.

Le lundi est le jour fétiche de Ngaye dont l'effervescence rappelle le lundi à Dakar, jour durant lequel la circulation est le plus dense (surtout le matin) parce que tout le monde semble se donner rendez-vous au centre-ville ce jour-là. Ainsi, dès que le lundi passe, Ngaye se vide de sa substance et retrouve son rythme routinier des jours ordinaires.

Ce commerce de détail n'est pas seulement un vivier pour l'arrière-pays, mais aussi pour les gens de Ngaye. À part ceux qui officient dans le marché central (*Dër bi*), où l'on vend essentiellement des produits vivriers et des légumineuses, l'on note dans la périphérie, comme sur la Nationale et sur la Route Départementale, des vendeuses de beignets, de mangues ou de pain, des restauratrices des vendeuses de petit déjeuner ou des tenantes de gargotes. Le *Altiney Ngaay* s'est même déporté à l'ouest du territoire jusqu'au village voisin de Ndoucoura, sur la Nationale (vers Dakar), où il a créé un marché parallèle.

CHAPITRE III

L'ARTISANAT ET LE COMMERCE DE DÉTAIL, MOTEUR DE L'ÉCONOMIE

Terroir au cœur de l'ancien bassin arachidier, la socio-économie de Ngaye Mékhé est fortement marquée par l'héritage colonial. L'artisanat, qui a toujours été l'affaire d'une caste appelée « *jëf lekk* » (œuvrer pour manger) dans le Kajoor, c'est-à-dire les artisans, par opposition aux « *sap lekk* » (parler pour manger), comme les griots, a toujours été un métier méprisé dans la sociologie politique du royaume. Pourtant, ce seront ce corps de métier et le commerce de détail qui vont être le moteur de l'économie de Ngaye Mékhé devenu capitale économique après le démantèlement du Kajoor.

I. - LA BIJOUTERIE, LA POTERIE ET LA VANNERIE

À Ngaye Mékhé, la bijouterie est un métier postérieur à la vannerie et à la poterie. Ces dernières, par leurs matières premières directement issues de la nature, remontent à l'aube des temps. Alors que la bijouterie est l'affaire des hommes, les deux autres sont généralement un domaine où les femmes font figure de proue.

L'histoire des forges de Ngaye Mékhé remonte à l'histoire du Kajoor où les forgerons, véritables maîtres du feu, s'attelaient déjà à fabriquer des armes et des utilitaires domestiques. Aussi la bijouterie à Ngaye est-elle à lier avec le démantèlement du Kajoor qui a vu la migration des « gens de castes » vers ce territoire.

Parmi les familles qui exerçaient ce métier à Ngaye, les Thiam se sont particulièrement illustrés. Des huttes en paille ou en tôle, à l'origine, le nom de « *mbaar* » était donné de manière suggestive à tous les ateliers de bijoutiers de Ngaye : *mbaaru* Baye Thiam, *mbaaru* Amar Guèye, etc., pour dire l'atelier d'un tel. L'on se souvient encore de *mbaaru* Baye Thiam sis entre la maison des Cathala et la voie ferrée, et d'autres bijoutiers de renom, tels que Saliou Thiam, Maguette Thiam, Ablaye Guèye, Amar Guèye, Makane Diouk, Mandaw Thiam, pour ne citer que ceux-là.

Dans ces ateliers traditionnels, il y avait principalement une soufflerie en peau de chèvre, de petits pots en argile qui servaient à faire fondre le métal, des pinces pour saisir le pot brûlant, des marteaux pour battre le fer et divers produits chimiques qui entrent dans la préparation du métal précieux et le polissage, du matériel de gravure, entre autres.

De tous les métiers artisanaux, la bijouterie est certainement le métier le plus hermétique, étant entendu qu'il se transmet non seulement de père en fils, mais qu'il n'est pas également ouvert aux autres ethnies parce que les secrets de la fabrication devaient être jalousement gardés : les procédés, les incantations, etc. En effet, du métal précis que l'on dit provenir du ciel à la femme qui porte le produit fini, tout est synonyme d'une mystagogie qui réverbère le monde des djinns, êtres surnaturels associés à la femme très belle.

La vannerie également n'est pas originaire de Ngaye Mékhé. Elle vient du Saniakhor occidental, plus particulièrement de la zone des Niayes, située sur le littoral, où pousse la plante localement appelée « *ndioroxlaan* » qui est la principale matière première pour la fabrication des divers produits de vannerie. Ce sont ces localités, comme Fass Boye, Diogo, etc., qui ont popularisé cet art. Autrement dit, Ngaye Mékhé n'est que le marché à partir duquel ces produits sont achetés et vendus en Europe.

Planche 29
Des vannes à Ndoucoura, à la sortie de Ngaye

Source : Auteur

Compte tenu de l'intérêt économique réel que revêt la vannerie, les femmes des villages de toute cette zone du Saniakhor se sont organisées en groupements pour mieux vendre aux acheteurs sénégalais ou européens qui viennent jusqu'à Ngaye pour acheter des produits de vannerie.

Quant à la poterie, il y avait à Ngaye des hommes et des femmes qui exerçaient le métier. Cependant, il faut reconnaître qu'aujourd'hui ce métier s'est plutôt déplacé vers la zone entre Tivaouane et Thiès.

II. - NGAYE, CAPITALE DE LA CORDONNERIE

Il est établi qu'au Sénégal, le travail du cuir est fondamentalement lié à l'histoire du Kajoor d'où sont partis les cordonniers et maroquiniers après la dislocation du royaume du Kajoor. La constitution historique de ce savoir-faire local ancestral a trouvé son expression dans la confection des selles pour chevaux, des amulettes, des fourreaux pour sabres et couteaux, ou des sandales, et cette activité est aujourd'hui devenue l'apport économique phare de l'artisanat à Ngaye Mékhé et une ressource territoriale reconnue.

Historiquement, Ngaye Mékhé n'est pas un terroir où le cuir a toujours été travaillé. En revanche, son *hinterland* immédiat regroupe des villages satellitaires, comme Thiawane, Kouré, Kouré Loukouk, Kouré Dior, Kouré Dekk, Ndombolakh, etc. qui sont tous des villages de *neeño* qui ont travaillé cette matière bien avant Ngaye. Le terme *kouré* viendrait de *woudé*, caste qui travaille le cuir. L'alternance consonantique initiale W---K permet de passer de la caste à la profession. Aussi, avant de devenir le cœur moderne de cette filière artisanale, Ngaye et son arrière-pays s'étaient-ils spécialisés dans la fabrication des selles de chevaux, des bottes, des babouches et des sandales.

1. - Les selles pour chevaux

Cette vieille tradition du travail du cuir dans le Kajoor serait surtout liée à l'importance du cheval dans le terroir. Le *damel* et autres dignitaires du Kajoor, les marabouts et même la cavalerie coloniale avaient aussi un grand besoin d'« habiller » leurs chevaux, informe le spécialiste en ingénierie du développement territorial, Mamadou Ndiaye :

> « Cette tradition s'est maintenue même pendant la période coloniale, et la réputation de la localité dans le travail du cuir est restée intacte (surtout la fabrication des équipements du cheval comme les selles et les harnachements). D'ailleurs les villes de Saint-louis et Thiès vont attirer bon nombre de ces artisans à travailler pour le compte de la cavalerie montée des 'spahis' des garnisons militaires coloniales » (Ndiaye, 2015: 3).

La confection des « habits du cheval », comme disent les *ajoor*, était un art dans lequel excellaient les gens du terroir, au point d'attirer l'attention de l'administration coloniale qui préférait finalement s'approvisionner sur le marché local plutôt que d'en importer de la métropole. La confection de ces habits, essentiellement composés d'une selle et des différents harnachements (sangles et brides), était le domaine dans lequel Moussa Kaïré Guèye faisait figure de proue à Ngaye Mékhé.

Originaire du village de Thiawane, près de Kébémer, Moussa Kaïré a appris l'art de la fabrication des selles dans le village de Kouré Loukouk où il a vécu avec son père. Quand il eut suffisamment maîtrisé cet art, Moussa décida, à la mort de son père, d'aller s'installer à Ngaye Mékhé, capitale économique du Kajoor, au début des années 1930. Les selles qu'il fabriquait connurent rapidement un succès tel que les gens du terroir leur avaient trouvé une marque déposée : *« tegu Muse Kare »* (les selles pour chevaux de Moussa Kaïré), pour les différencier des selles importées par la Compagnie Générale, *« tegu compañi »*.

Photo 24
Moussa Kaïré Guèye, annéses 1950

Source : Archives familiales

Ce qui faisait encore la particularité de Moussa Kaïré était qu'il avait une parfaite maîtrise du processus de fabrication, du tannage au produit fini. Il avait des *baaj* (des bassins en pierre pour le tannage) dans son domicile et procédait lui-même au tannage des peaux de cuir. À cette époque, il y avait une compagnie de spahis positionnée à Ngaye. Juste en face de chez lui, dans l'espace de l'usine de décorticage d'arachides des Cathala, il y avait des spahis qui lui fournissaient chaque jour une peau de bœuf. Quant à l'ossature de la selle, en bois d'anacardier, il s'en procurait lui-même au retour des champs, la taillait lui-même et la sculptait en une forme achevée.

Les plus gros clients de Moussa Kaïré étaient les marabouts, les chefs de cantons et autres grands dignitaires. Il faut noter que le cheval, ce noble animal, n'était pas à la portée du commun des mortels. Alors, quand la noblesse montait à cheval, l'animal était paré de tous ses atours, richement vêtu pour faire corps avec son dignitaire de cavalier. Jusqu'à une époque récente, quand ce genre de monture passait, tous les enfants et adultes sortaient pour la regarder, et ils admiraient en silence.

Photo 25
Selle fabriquée par M. K. Guèye, 1952

Photo 26
La même selle vue de dessus

Source : Archives familiales

Le design de la selle ci-dessus, tout en rondeurs et en gravures, témoigne du goût prononcé de M. K. Guèye pour la finesse, les belles finitions. Le buste hautain n'a de répondant que la queue parfaitement évasée, le tout avec trois cercles richement gravés et disposés en demi-cercle au dos de la selle. On peut encore lire, gravé dans le cercle de droite, 'Mékhé, le 7/ 3/ 1952'. On imagine aisément la splendeur de cette selle quand M. K. Guèye la finissait il y a 65 ans.

Le directeur de l'École Diangana Djitté (ancienne école 4), Moussa Guèye, petit-fils et homonyme de Moussa Kaïré Guèye, renseigne que son grand-père avait une renommée qui dépassait les frontières Kajoor. Avec un brin de fièrté, il nous confie que

> « Les gens croyaient difficilement que quelqu'un du terroir pouvait fabriquer des selles qui rivalisaient d'élégance avec celles de la Compagnie. Un jour, un homme venu de Koungheul s'est présenté à Moussa Kaïré. Le trouvant en train de travailler devant sa maison, près de la route, il demanda à voir Moussa Kaïré Gueye. Mon grand-père lui dit qu'il était Moussa Kaïré, mais l'homme semblait hésiter. En vérité, avec la renommée de Moussa Kaïré en personne, l'homme pensait avoir affaire à un homme puissant qui gérait une grande fabrique et non à un homme aussi sobrement vêtu et assis sous un acacia » (Entretien 2016).

Devenus adultes, bien des années après la mort de leur grand-père, Moussa Guèye et ses frères, maintenant engagés dans le travail du cuir auprès de leur père, Modou Guèye, entreprirent de sillonner le Kajoor à la recherche d'une des nombreuses selles qui avaient fait la renommée de l'excellent Moussa Kaïré Guèye. C'est finalement à Ndoyène, village non loin de Kébémer sur la route de Sagatta, résidence du chef de canton de Ndoyène, qu'ils retrouvèrent la selle. La selle et les harnachements étaient bien là, suspendus dans une case. Selon Guèye, la selle était encore intacte, belle comme si l'on venait de la fabriquer ; c'était effectivement du grand art ! Malheureusement pour les Guèye qui voulaient la reprendre, les Ndoye tenaient beaucoup à la selle et tenaient à la garder.

Aujourd'hui encore, la famille Guèye, plus connue maintenant dans la fabrication de chaussures, continue néanmoins de perpétuer cet héritage ancestral. Moussa Guèye se souvient encore de la visite de l'ambassadeur de la Corée du Nord au Sénégal. On ne sait pas comment, mais un beau jour, cet homme qui aimait bien monter à cheval en Corée s'est présenté chez les Guèye à Ngaye pour commander une selle. Il voulait s'assurer que les Guèye pouvaient lui en fabriquer une, élégante et robuste. Comme convenu avec ces derniers, l'ambassadeur retourna deux fois à Ngaye pour superviser et s'assurer lui-même de la qualité et de la rigueur dans les différentes étapes de la confection. Il repartit très satisfait, raconte-t-on.

2. - « *Carax*, *mukke* et *maraakiis* : des chaussures traditionnelles du terroir

Dans le Kajoor des *damel*, la créativité dans la confection des chaussures de cuir étaient assez limitée. Les sandales et les babouches, deux modèles unisexes, étaient certainement les genres les plus connus.

Le style très simple du genre « Bamba », en référence à Ahmadou Bamba, est le type de chaussure que l'on voit sur l'unique photo connue du saint homme de Touba. C'est une sandale avec deux grosses et solides lanières qui partent de part et d'autre du talon de la chaussure et se rejoignent au niveau des orteils. Pour les adultes de l'époque, ce type de chaussure était confortable et conforme à l'environnement puisqu'elle aérait le pied, se chaussait et se déchaussait facilement.

Quant au *mukke*, c'était une babouche que portaient généralement les adultes, surtout les vieilles personnes. Les vieilles dames, élégamment vêtues d'un pagne tissé et d'un grand boubou, en portaient également dans l'entre-deux-guerres et un peu plus. Le *mukke*, qui avait un talon plus épais, était l'ancienne appellation que les *ajoor* donnaient au *maraakiis* (Marrakech).

Le *maraakiis*, ou babouche en provenance de Marrakech (Maroc) dans le wolof du terroir, était une chaussure qui imitait le modèle des chaussures marocaines au bout pointu. Nous ne savons pas exactement à quand remonte ce contact entre Marocains et cordonniers du Kajoor, mais nous avons découvert que cette ethnie y était présente bien avant même le XXe siècle. Des documents font état d'une rencontre en 1897, sous l'égide de Demba War Sall, des chefs du Kajoor chez un notable marocain du nom de

Moulaye Nassar habitant Kelle (ANS, 1897). Nos enquêtes ont également révélé qu'un Marocain a quitté Bathurst, l'ancien Banjul, en 1930, pour s'installer à Ngaye.

Ibrahima Thiam était certainement l'une des personnes les plus reconnues dans le travail de ces modèles de chaussures en cuir pendant cette période. Il faisait partie des artisans qui chaussaient les grandes personnes de l'époque, hommes et dames.

D'un point de vue économique, il faut circonscrire cette cordonnerie, et les activités artisanales en général, dans le seul cadre d'une économie populaire et sociale dans laquelle les gens du terroir s'engagent pour faire face à la précarité et à la pauvreté. Nous avons largement abordé cette période de l'histoire du Kajoor durant laquelle les *ajoor* étaient très souvent victimes d'épidémies, de razzias, d'esclavage, de travaux forcés, etc. De cette période jusqu'aux années 1980, l'artisanat était resté en l'état d'une activité de survie communautaire.

III. - LE *DALLU NGAAY*, UN MODÈLE DE RÉUSSITE ÉCONOMIQUE ET SOCIALE

Développer un terroir à partir d'une ressource locale n'est pas chose aisée, *a fortiori* lui donner une envergure territoriale. Toutefois, le modèle de chaussure locale en cuir communément appelé *dallu ngaay*, chaussure de Ngaye, est aujourd'hui vendu partout sur le territoire national et même au-delà de nos frontières. La chaussure *made in Ngaye* devient ainsi un modèle de réussite économique qui a non seulement réussi à structurer l'économie locale, mais fait vivre beaucoup de foyers à Ngaye, ailleurs, et au-delà.

Aujourd'hui, il est difficile de donner le nombre exact d'ateliers de cordonnerie à Ngaye Mékhé. Si l'essentiel de ces ateliers s'est toujours trouvé dans le quartier escale, aujourd'hui ils sont en train d'essaimer sur la Route Nationale, la Route Départementale et même dans les maisons. De deux ateliers de cordonnerie moderne en 1980, Cawaan et Maabo, ces ateliers sont de nos jours passés à plus de 160.

Planche 30
Des chaussures de Ngaye à la cordonnerie Darmanko

Source : Auteur

Les années 1980 constituent chez les cordonniers de Ngaye Mékhé une période charnière, une période de rupture par rapport aux pratiques traditionnelles de fabrication de chaussures. Elles coïncident avec la sortie des années de sécheresse des années 1970 qui ont signé la fin de la traite arachidière avec la baisse des rendements et le départ des négociants de Ngaye, entraînant une paupérisation des masses rurales.

Les gens du terroir se tournèrent alors vers l'artisanat, mais ce secteur va aussi être frappé par les Politiques d'Ajustement Structurel (PAS) imposées par les institutions de Bretton Woods, qui ont davantage appauvri les ménages sénégalais. Ces politiques seront, paradoxalement, le facteur qui va fouetter la cordonnerie avec la fermeture de l'industrie de chaussure Bata de Rufisque et la politique du « consommer local » apparu durant ces années. Selon Mamadou Ndiaye, c'est la conjonction de tous ces facteurs d'ordre social, politique, économique qui ont contribué à activer davantage ce savoir-faire en cordonnerie, de sorte à entraîner la filière dans « un cercle vertueux d'innovations, de design, de coupe, de production, de commercialisation et de finition, ainsi que la multiplication des mini-fabriques de chaussures » (Ndiaye, 2015 : 4).

Cette période charnière consacre le déclin des chaussures de modèles traditionnels que sont les babouches et les sandales en cuir tanné, que les Ngayois aimaient porter lors des cérémonies religieuses ou traditionnelles. Seulement ces modèles, quoique prisés par les gens du terroir, n'arrivent pas à attirer la clientèle des villes qui s'occidentalisaient dans leur port vestimentaire. D'où l'impérieuse nécessité d'entrer dans une ère de modernité marquée par des chaussures de type « nu-pieds », qui imitent le modèle des chaussures de Bata, qui peuvent parfaitement aller avec des pantalons.

Alors, dans les unités familiales, on s'équipe en matériel de production pour pouvoir confectionner des produits de qualité avec une finition bien garantie. Pour cela les nombreuses agences de micro-finance se sont installées à Ngaye Mékhé, attirées par le regain économique. L'accès au crédit, qui permet aux cordonniers d'investir davantage sur leur métier, permet en même temps aux unités familiales de mieux se structurer en devenant des Groupements d'Intérêt Économique (GIE).

La cordonnerie n'a pas seulement impulsé une dynamique financière, comme en témoignent les agences de micro-finance qui étaient très rares avant les années 1980, elle est le hub autour duquel tournent les autres activités artisanales et le commerce. En effet, le pouvoir d'achat retrouvé des familles cordonnières injecte une masse financière non négligeable dans le circuit économique qu'il fouette par la même occasion. Cela témoigne d'une capacité structurante de l'activité qui permet, par exemple, aux menuisiers métalliques de fabriquer les cantines en tôles des ateliers de cordonneries, et aux menuisiers ébénistes d'en fournir les étagères en bois, ou simplement à ces familles de dépenser l'argent perçu en biens de consommation.

Planche 31
Ateliers de cordonnerie sur la RN2

Source : Auteur

D'ailleurs, ayant maîtrisé toutes les techniques de fabrication de la chaussure *dallu ngaay*, les cordonniers de Ngaye ne vont pas tarder à installer des ateliers dans les grandes villes du Sénégal où les citadins pourront s'approvisionner selon leurs goûts et couleurs. L'exemple le plus éloquent est le quartier Médina de Dakar qui abrite une importante communauté de cordonniers provenant de Ngaye Mékhé.

La commercialisation de ces chaussures à Ngaye se fait généralement dans les fabriques qui exposent tous leurs produits à la devanture de leurs boutiques. D'autres personnes s'approvisionnent en gros dans ces ateliers et exposent dans leurs propres boutiques, des boutiques spécialisées dans la vente de chaussures ou des boutiques qui vendent d'autres produits, comme les restaurants sur la Route Nationale 2, tout en ayant un rayon consacré aux *dallu Ngaay*.

Mais, pour faciliter la pénétration des marchés urbains, il s'est créé un réseau alternatif et informel de distribution alimenté par des revendeurs où l'on trouve toutes catégories de personnes. Parmi celles-ci, on trouve beaucoup d'enseignants : ils ont un certain pouvoir d'achat qui leur permet de faire des achats en gros et sont dans les villages les plus reculés du Sénégal. Prenant le relais, les émigrés vont exporter le produit dans la sous-région, en Europe et aux États-Unis.

Cette mutation artisanale dans la filière cordonnerie est à mettre au crédit de deux cousins, Modou Guèye de la cordonnerie *Cawaan* et El Hadji Guissé de *Guissé Maabo*.

IV. - *CAWAAN* ET *MAABO*, PROMOTEURS DE LA FILIÈRE MODERNE

C'est dans les années 1980 que la fabrication de chaussures *made in Ngaye* va se moderniser avec les familles Guèye et Guissé qui ont respectivement créé les cordonneries *Cawaan* et *Maabo* dirigées par Modou Guèye et El Hadji Guissé. Ces deux familles, étrangement issues du même Moussa Kaïré Guèye, ont chacune, dans leur processus de modernisation, bénéficié de l'apport décisif d'enseignants : Moussa Guèye et Ali Guissé.

La cordonnerie *Cawaan* tire son nom de Thiawane (écriture francisée de l'orthographe wolof *Cawaan*), le village d'origine de Moussa Kaïra Guèye dont nous avons parlé plus haut. Pour les frères Modou et Moussa Guèye, ce retour aux sources est une manière de se rappeler le label d'excellence que leur grand-père a incarné, et leur ancrage dans leurs valeurs profondes de la cordonnerie. Les *Guissé Mabo* ne font pas moins ; ils replongent le patronyme dans les origines profondes de la caste, sources à partir desquelles ils abreuvent leur métier.

Tout au long des années 70, les jeunes Modou et Moussa Guèye ont fait leur apprentissage du métier auprès de leur père. À cette époque-là, les cordonniers des Kouré de l'arrière-pays étaient massivement présents à Ngaye. Ils se mettaient ensemble dans de grands ateliers pour amoindrir leurs charges (loyer, électricité) et maximiser leurs profits, même si chacun travaillait pour son compte. Mais ces ateliers devenant exigus avec le temps, les Guissé et les Guèye changeaient constamment de locaux.

Cette période des années 70 était ce qu'on pourrait appeler dans l'histoire de la coordonnerie à Ngaye Mékhé « la période des peaux maigres », période fondamentalement dominée par une génération de cordonniers à cheval sur les modèles du passé et en mal d'inspiration. L'horizon d'attente dans ce métier ne dépassait certainement pas les frontières de Ngaye Mékhé, du moins pour la plupart d'eux : gagner quelques sous avant la fin de la journée pour assurer la dépense quotidienne le lendemain était la vision la mieux partagée.

Planche 32
La cordonnerie Cawaan au quartier Lébou

Source : Auteur

Il fallait attendre les années 80 pour voir un changement de paradigme dans la conception et la vision. C'est en effet à partir de là que ces jeunes garçons commencèrent à se libérer du joug parental et à voler de leurs propres ailes. Les Guèye, par exemple, prirent en main l'entreprise familiale qu'ils baptisèrent Cawaan. Ils s'attelèrent à moderniser le métier en acquérant un Registre de Commerce pour les opérations comptables et en se dotant d'une ligne téléphonique pour aller à l'assaut du marché national. En plus, ils décidèrent d'homologuer les prix !

Cette nouvelle démarche n'était pas étrangère à la touche de l'instituteur Moussa Guissé qui avait fait des études et avait une certaine vision et lecture du monde. De la même façon, El Hadji Guissé eut le soutien de son frère Ali Guissé, alors professeur de mathématiques, qui l'aida à mieux structurer son métier. C'était une période charnière qu'on pourrait qualifier de révolutionnaire, si l'on sait que l'artisanat a toujours évolué de manière très informelle dans le terroir.

À l'origine de cette mutation, hormis l'apport organisationnel et méthodique de ces intellectuels, il y avait les créations Bata, cette fabrique de chaussure plastique de Rufisque, d'où ces deux cordonneries tiraient leur inspiration. El Hadji Guissé, qui faisait son apprentissage à Dakar auprès de la communauté Kouré de Médina, fit ses premières chaussures « nu-pieds » en 1983. L'excellent travail qu'il produisit poussa son frère à l'encourager à retourner à Ngaye afin de se mettre à son propre compte, selon Ali Guissé.

Planche 33 :
La coordonnerie Guissé Maabo dans l'escale

Source : Auteur

Les Guèye, qui avaient déjà lancé leur affaire, eurent la brillante idée de graver l'inscription « Ngaye » sur leurs produits comme étant leur label. Mais comme le modèle *dallu Ngaay* commençait à être populaire dans le pays, certains cordonniers commencèrent à graver la même inscription « Ngaye » sur leurs chaussures, ce qui obligea les Guèye à changer en « MG », les initiales de Modou Guèye, le coordonnier en chef de Cawaan.

Ce qui est remarquable ici, c'est la philosophie qui animait les enseignants Ali Guissé et Moussa Guèye : allier le métier à l'école. Il est vrai qu'en ces années 1980, la reproduction sociale avait atteint ses limites ; les jeunes générations ne voulaient plus se contenter de l'héritage professionnel ancestral de leurs pères. Ils voulaient devenir plus tout en sauvegardant le patrimoine familial, ce qui n'était pas évident dans une Ngaye qui a pleinement vécu la décade qui a suivi la contre-culutre américaine des années 60, laquelle avait fini de reléguer au second plan les archétypes du passé.

Les ressortissants de Ngaye de l'époque, élèves, étudiants et fonctionnaires, jouèrent aussi un rôle important dans la diffusion du modèle. Quand ils venaient en vacances, ils ne manquaient jamais d'acheter quelques paires qu'ils portaient dans les espaces scolaires et universitaires et dans les services publics. Les jeunes citadins de ces villes étaient toujours charmés par ce type de chaussures artisanales, communément appelés « nu-pieds », où ils trouvaient d'excellentes chaussures d'été.

Alors étudiant à l'Université Cheikh Anta Diop de Dakar, Ali Guissé, par exemple, développa un petit commerce dans le campus. Cet ancien étudiant raconte qu'il réussit à écouler le chiffre record de 70 paires de chaussures en une semaine à raison de 7.000 F l'unité. De fil en aiguille, un petit réseau de distribution se mit en place et une nouvelle mode naquit sur le campus.

Moussa Guèye, qui a fréquenté le collège de Tivaouane, se souvient encore de sa première chaussure qu'il a vendue à son professeur de mathématiques. Le professeur, qui avait aperçu les chaussures que portait Moussa, ne put résister à l'envie de lui en proposer un prix, ce que le jeune Moussa accepta séance tenante : une première paire de chaussures vendue à 3000 ! Le jeune élève-businessman voyait dans cet acte un signe d'intérêt réel que les gens des villes portaient aux chaussures « Ngaye » et la possibilité d'étendre son commerce. Aussi, quand il fut à l'École Normale de Mbour en 1978, les Mbourois commercèrent-ils à découvrir ces chaussures nouvelle génération en provenance de Ngaye Mékhé.

Et voilà, les *dallu Ngaay* venaient de faire le tour du pays ! La cordonneirie Cawaan, qui avait une certaine longueur d'avance sur les cordonniers de Ngaye Mékhé, entra en lice lors de la Foire Internationale de Dakar (FIDAK) et fit grande impression auprès du public, notamment avec la chaussure grandeur nature (modèle Bamba, un mètre de longueur) placée devant leur stand. S'ensuivent des tournées africaines et européennes. En France, les maisons parisiennes Agnès B., Isabelle Maran et La Maison sur l'Eau firent des commandes auprès des Guèye.

En 1987, en récompense à leur créativité et originalité, *Cawaan* reçut le premier prix du Grand Prix du Président de la République pour la promotion de l'artisanat. Les Guissé Maabo ne tardèrent guère à suivre les traces de leurs cousins, car ils entamèrent également les foires qui les amenèrent jusqu'à Paris. Et en 1995, leurs efforts furent couronnés de succès avec l'obtention du troisième prix du Grand Prix du chef de l'État.

Les coordonneries *Cawaan* et *Guissé Maabo* ont réussi à porter le modèle *dallu Ngaay* là où personne à Ngaye n'aurait certainement pensé qu'une production locale pouvait aller. En osant innover et aller à l'assaut du marché national et international, ils ont fait briller l'étoile de Ngaye haut dans le firmament et ont surtout servi de modèles à des centaines de jeunes Ngayois qui vivent aujourd'hui de ce métier.

CONCLUSION

Ngaye Mékhé fut une très grande ville, l'une des plus prospères du Sénégal. Les importants mouvements migratoires qui y eurent lieu à partir du tournant du XIXe siècle jusqu'aux années 1930 en témoignent largement. Ngaye Mékhé a connu l'opulence et l'attraction. Elle était « courtisée » de partout à travers le Sénégal, même des Quartre Communes de plein exercice d'où des gens venaient pour y chercher du travail.

Pendant toute la première moitié du XIXe siècle, ce terroir rayonna sur tout le pays et cristallisa tous les espoirs, des espoirs de renouveau, de lendemains meilleurs. Il est vrai que le tournant du XIXe siècle, qui a marqué la fin de la royauté au Sénégal, avait vu des sociétés subitement désorganisées à cause du chaos politique, social et économique qui s'ensuivit. La dispersion des masses laborieuses réverbère le désespoir des naufragés et des déshérités que décrit le sonnet d'Emma Lazarus. Pour ces gens, Ngaye l'Antilope éclairait de sa lampe, donnait l'espoir, suscitait un avenir meilleur.

Mais beaucoup de mutations ont eu lieu entre temps et Ngaye Mékhé a été foudroyée au mitan de son existence. En effet, la nationalisation de la filière arachidière au lendemain de l'indépendance et le départ des commerçants français et libano-syriens, les cycles de sécheresse des années 1970, le contexte morose de l'économie mondiale, le déplacement du bassin arachidier vers le sud du pays, ont été fatal à ce terroir. S'y ajoutent la mauvaise gestion de l'héritage coloniale, le manque de vision de certaines autorités communales post-indépendance, etc.

Ngaye Mékhé, ville antilope, tel le Phoenix, est en train de renaître de ses cendres pour reprendre la place qui lui revient de droit dans l'Acte III de la décentralisation, dans le Sénégal et dans le monde tout court. Cette tâche n'incombera pas uniquement aux autorités municipales, quoiqu'elles aient le devoir d'en indiquer la direction en tant qu'élus locaux, mais à toute la communauté ngayoise, locale et diasporique.

Si ces deux dynamiques, politique et sociale, sont conjointement menées et se soutiennent mutuellement, l'Antilope rebondira de nouveau, comme le disait le poète de la Négritude, de ses sabots d'airain qui scintillent de mille et un feux.

POSTFACE

Dans le contexte actuel où les autorités du Sénégal ont décidé d'instaurer la territorialisation des politiques publiques par l'Acte III de la décentralisation, cette première monographie sur l'histoire économique et sociale de Ngaye Mékhé, territoire escale et carrefour du Kajoor, arrive à son heure.

En faisant ressortir tous les atouts et potentialités dont regorge Ngaye Mékhé, et qui firent la fierté de ce territoire naguère poumon économique du Kajoor et terre d'accueil et d'intégration de plusieurs vagues migratoires, ce travail montre que le territoire est aujourd'hui un grand enjeu économique et social. La décentralisation et l'émergence ne pourraient réussir sans une mise en perspective du terroir, de ce que celui-ci renferme comme patrimoine matériel et immatériel.

Aussi les décideurs des collectivités locales gagneraient-ils à s'inspirer de cette monographie pour une meilleure conduite des politiques publiques et territoriales ; et aussi pour une meilleure prise en compte de la dimension culturelle, désormais une compétence transférée. Les enseignants et les chercheurs y trouveront une mine d'informations sur l'histoire de Ngaye Mékhé.

Que sera Ngaye en 2035, dans trente ans, cinquante ans ? Question prospective certes mais fondamentale, quand on sait que la ville « antilope » a beaucoup perdu de sa superbe au lendemain de l'Indépendance, principalement du fait du déficit de réflexion sur les actions stratégiques et les problématiques des transformations économiques nationales et mondiales. Mais une bonne connaissance des politiques décentralisées et une appréhension juste de la notion de pôle-territoire pourraient de nouveau propulser Ngaye Mékhé vers un développement économique et social endogène.

Pour ce faire, notamment, l'adaptation aux réalités et aux perspectives de l'économie de cette première moitié du 21ème siècle par des innovations majeures, combinée à une meilleure utilisation du potentiel local (artisanat à titre d'exemple : travail du cuir, couture, vannerie, etc.) et la revivification du chemin de fer, projets importants dans l'émergence économique des terroirs, ne feront que fouetter l'économie de Ngaye Mékhé. Si le Sénégal doit se hisser à l'émergence, le Kajoor, en particulier Ngaye Mékhé qui en est l'épicentre, devrait être soutenu par des projets innovants afin de lui permettre de retrouver son rôle de pôle économique et social.

Oumar SOCK
Professeur titulaire des universités de classe exceptionnelle
Ancien directeur de l'ENSEPT et de l'ENSUT de Dakar
Ancien recteur de l'Université de Ziguinchor
Secrétaire perpétuel de l'Académie Nationale des Sciences et Techniques du Sénégal

ANNEXES

Annexe 1
Acte de vente signé par Demba War Sall
chef du Kajoor

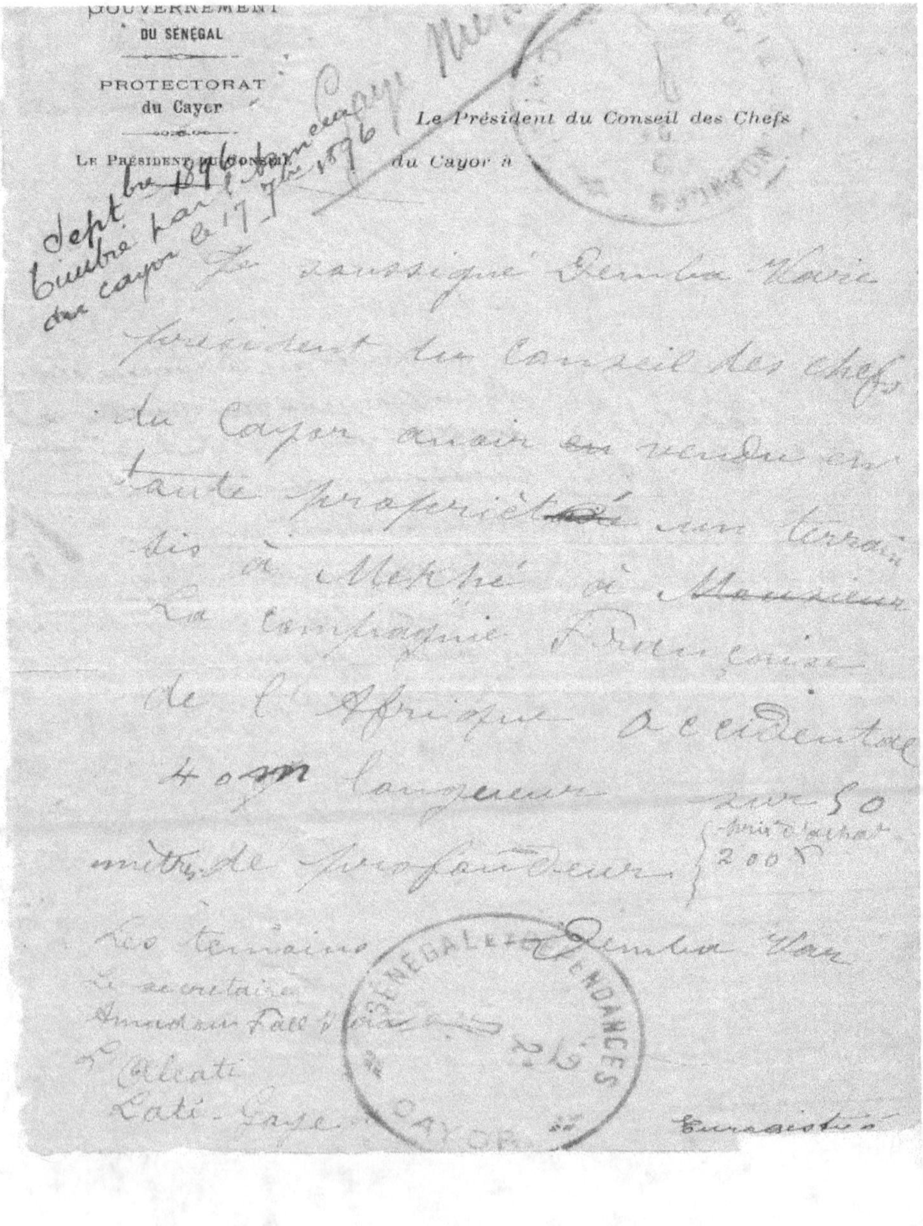
GOUVERNEMENT
DU SÉNÉGAL

PROTECTORAT
du Cayor

LE PRÉSIDENT DU CONSEIL

Le Président du Conseil des Chefs
du Cayor à

Je soussigné Demba Warie
président du Conseil des chefs
du Cayor avoir vendu en
toute propriété un terrain
sis à Mekhé à
la compagnie Française
de l'Afrique occidentale
40 m longueur sur 50
mètres de profondeur

prix d'achat
200 F

Les témoins Demba War
Le secrétaire
Amadou Fall
Alcati
Lati Gaye

Annexe 2
Procès-verbal de délimitation du terrain vendu à la CFAO

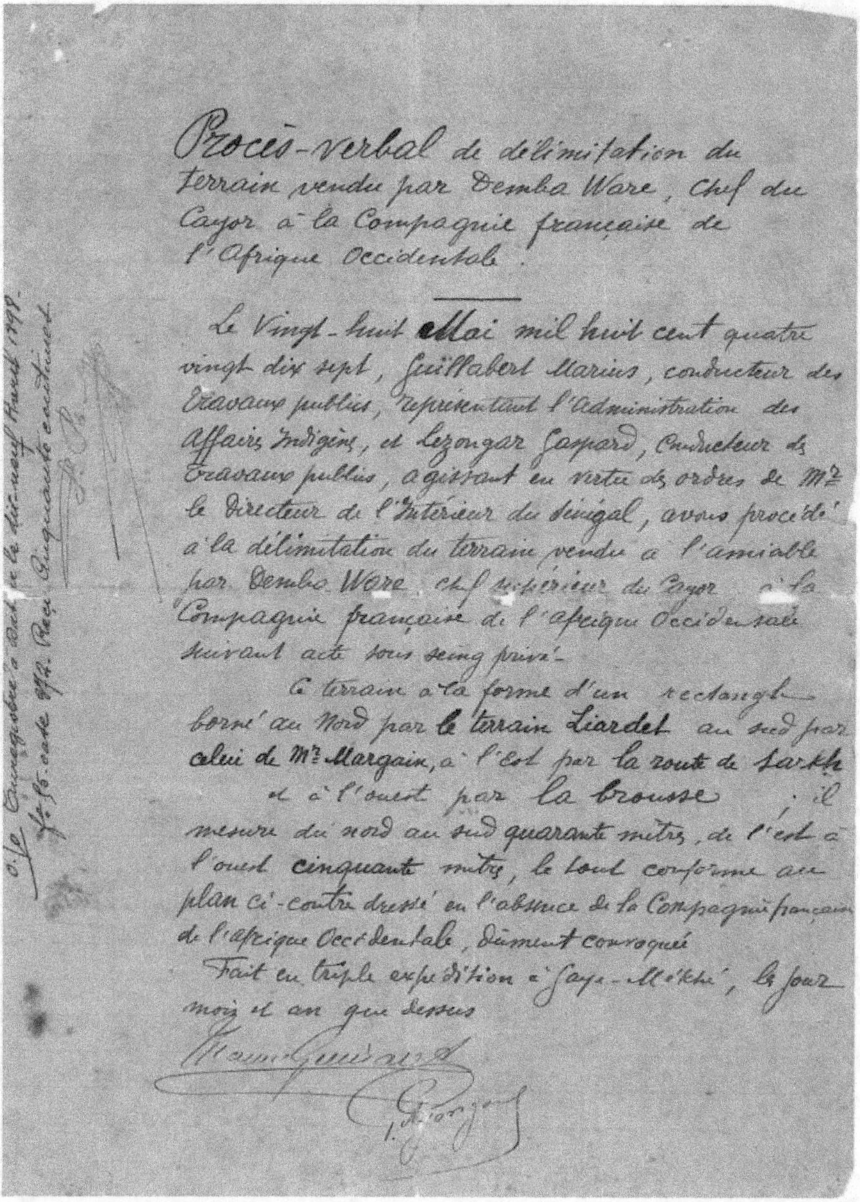

Procès-verbal de délimitation du terrain vendu par Demba Waré, Chef du Cayor à la Compagnie française de l'Afrique Occidentale.

Le Vingt-huit Mai mil huit cent quatre vingt dix sept, Guillabert Marius, conducteur des Travaux publics, représentant l'Administration des Affaires Indigènes, et Lezongar Gaspard, Conducteur des Travaux publics, agissant en vertu des ordres de Mr le Directeur de l'Intérieur du Sénégal, avons procédé à la délimitation du terrain vendu à l'amiable par Demba Waré chef supérieur du Cayor à la Compagnie française de l'Afrique Occidentale suivant acte sous seing privé.

Ce terrain a la forme d'un rectangle borné au Nord par le terrain Liardet au sud par celui de Mr Margain, à l'Est par la route de Sarkh et à l'ouest par la brousse ; il mesure du nord au sud quarante mètres, de l'est à l'ouest cinquante mètres, le tout conforme au plan ci-contre dressé en l'absence de la Compagnie française de l'Afrique Occidentale, dûment convoquée.

Fait en triple expédition à Gaye-Mékhé, le jour mois et an que dessus

Enregistré à Dakar le dix-neuf Août 1897 f° 95 case 994. Reçu Cinquante centimes

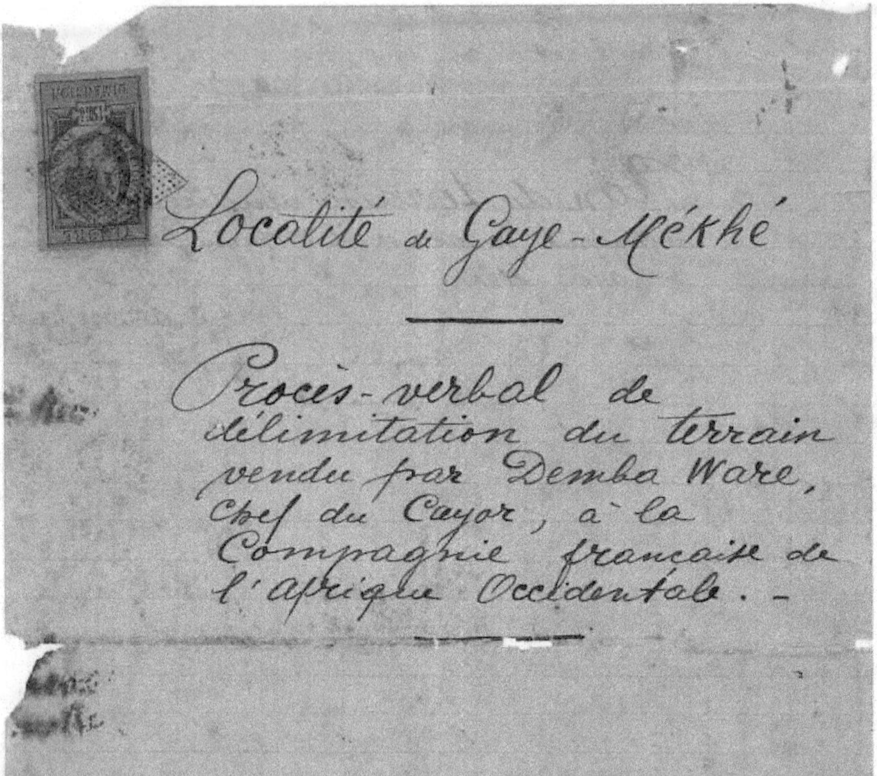

Localité de Gaye-Mékhé

Procès-verbal de délimitation du terrain vendu par Demba Waré, Chef du Cayor, à la Compagnie française de l'Afrique Occidentale. –

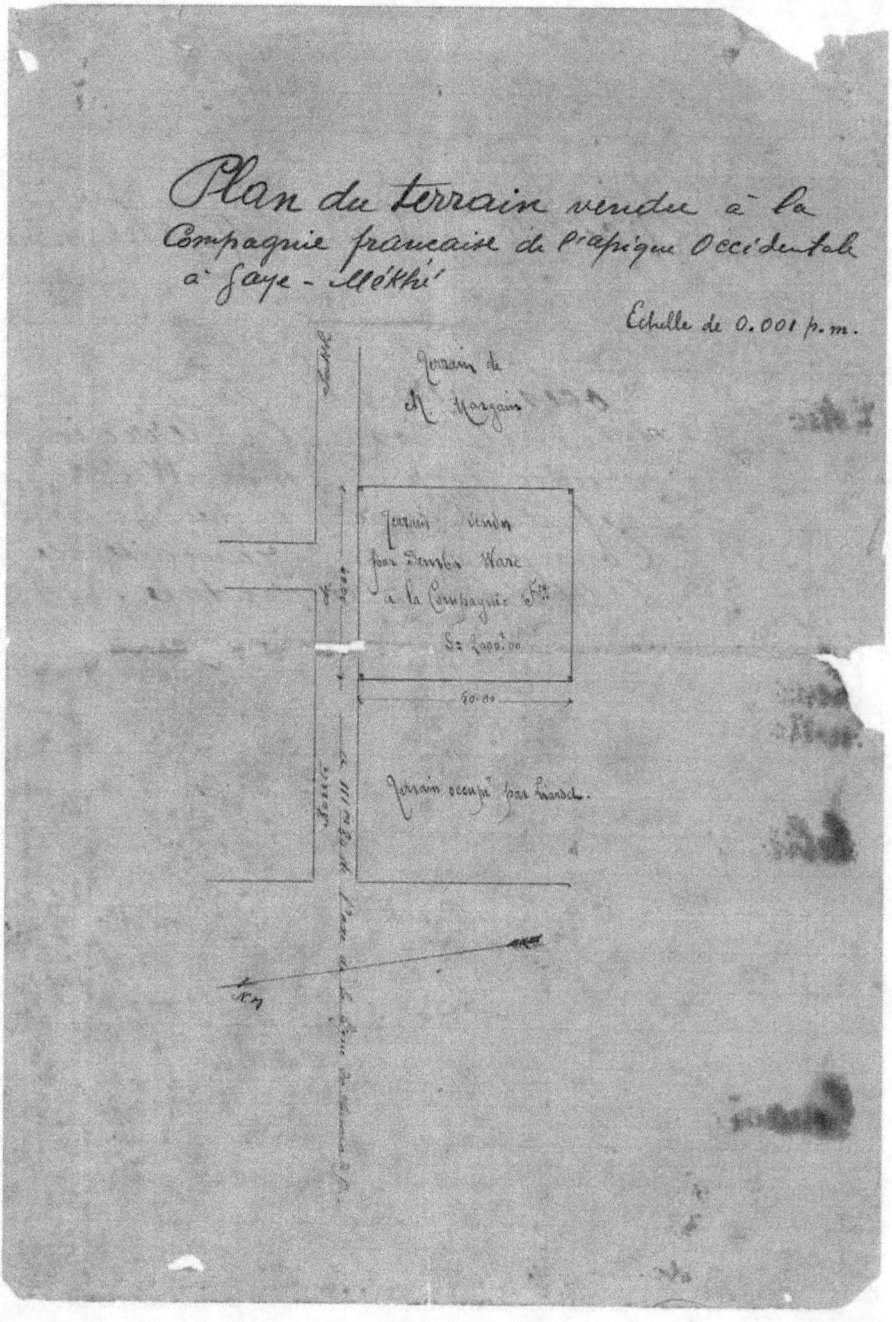
Plan du terrain vendu à la Compagnie française de l'Afrique Occidentale à Gaye-Mékhé
Échelle de 0.001 p.m.
Terrain vendu
à la Compagnie
50.00
Terrain occupé par

Annexe 3
Agents de l'administration coloniale
à Ngaye Mékhé (1921-1947)

N°	Prénom	Nom	Profession
1	Fara	Cissokho	Agent d'hygiène
2	André	Cros	Opérateur Delmas
3	Pierre	De Keyser	Commissaire de police
4	Amadou	Dia	Aide-médecin
5	Diamba	Diallo	Agent de police
6	Baba	Diallo	Brigadier de police
7	Amadou	Dieng	Agent de police
8	Momar Wassilla	Dieng	Agent des PTT
9	Mody	Diop	Aide-médecin
10	Jouveau	Dubreuil	Chef de gare
11	François	Etchebarne	Commissaire de police
12	Abibala	Fall	Écrivain à la police
13	Samba	Fall	Facteur PTT
14	Mamadou	Gola	Garde d'hygiène
15	Madior	Guèye	Infirmier
16	George	Guèye	Aide-médecin
17	Alphée	Guillabert	Inspecteur des produits
18	Henry	Jô	Ingénieur des TP
19	Amadou	Kane	Aiguilleur
20	Moussa	Kanté	Agent de police
21	Mamakha	Keita	Garde cercle
22	Marcel	Kery	Commissaire de police
23	Jean-george	Latouf	Agent d'hygiène
24	Youssou	Marone	Agent d'hygiène
25	Louis Charles	Martial	Receveur des PTT
26	Mamour	Mbaye	Assesseur au tribunal de Mékhé
27	Jules	Monnet	----
28	Guillaume	Moustey	Inspecteur Moustey

29	Ardo	Ndiaye	Sergent d'infanterie
30	Demba	Ndiaye	Agent de police
31	Émilie Augustine	Nelson	Sage-femme
32	Malick Koulane	Sakho	Facteur des PTT
33	Mamadou	Samba	Agent de police
34	Fodé	Sankharé	Brigadier de police
35	Samba	Sow	Commis à la SP
36	Idrissa	Sylla	Postier
37	Ibrahima	Thiaw	Facteur des PTT

Source : Registre matricule École des garçons de Mékhé, 1921-1947

Annexe 4
Boutiquiers et établissements de l'escale (1900-1960)

N°	Prénom	Nom	Établissements
1	Idrissa	Ba	Abbas Aboud
2	Boubacar	Ba	Comptoir Sénégalais
3	Ibrahima	Bocoum	Peyrissac
4	Abdou	Diop	Cathala
5	Amadou Médiouf	Diop	CFAO
6	Ousseynou	Diop	MHP
7	Médoune	Diop	MHP
8	Mbaye	Diop	Sallières
9	Joseph	Diouf	Maurel et Frères
10	Élie	Fall	Cathala
11	Makhtar	Fall	Soucail
12	Mapenda	Faye	Abbas Aboud
13	Amadou	Faye	CFAO
14	Abdoulaye	Faye	Chavanel
15	Mapenda	Faye	NOSOCO
16	Amadou	Gaye	MHP
17	Doudou	Guèye	LVC
18	Malick	Guissé	Compagnie Générale
19	Cheikh	Mbaye	Oldani
20	Gorgui	Mbengue	Maurel et Frères
21	Médoune	Mbengue	Prouha
22	Babacar	Mbengue	Izaure
23	Boubacar Ben	Mokhtar	Bonnet
24	Mamadou	Ndiaye	Lasserre
25	Antoine	Ndiaye	Cathala

Source : Registre matricule École des garçons de Mékhé, 1921-1947

Annexe 5
Opérateurs dans l'escale (1921-1947)

N°	Prénom	Nom	Établissements
1	Sylvain	Aynié	LVC
2	Ndiaga	Cissé	Delmas
3	André	Cros	Delmas
4	Magatte	Fall	SBOA
5	Oumar	Guèye	P. Porte
6	Émile	Nagle	Soucail
7	Amadou Abdou	Ndiaye	Peyrissac
8	Adrien	Senghor	NOSOCO
9	Ibra Abdoulaye	Thiaw	Peyrissac
10	Magatte Massamba	Wade	SBOA
26	Youssou	Ndiaye	Abbas Aboud
27	Ndiaga	Ndiour	Chavanel
28	Amadou dit Boss	Ndoye	Cros
29	Biram	Niang	BLK
30	Hady	Samb	Barthès
31	Saliou	Samb	Izaure
32	Abdoulaye	Sène	Malal
33	Moussa	Sow	Maurel et Frères

Source : Registre matricule École des garçons de Mékhé, 1921-1947

Annexe 6
Passeport d'Alexandre Cathala

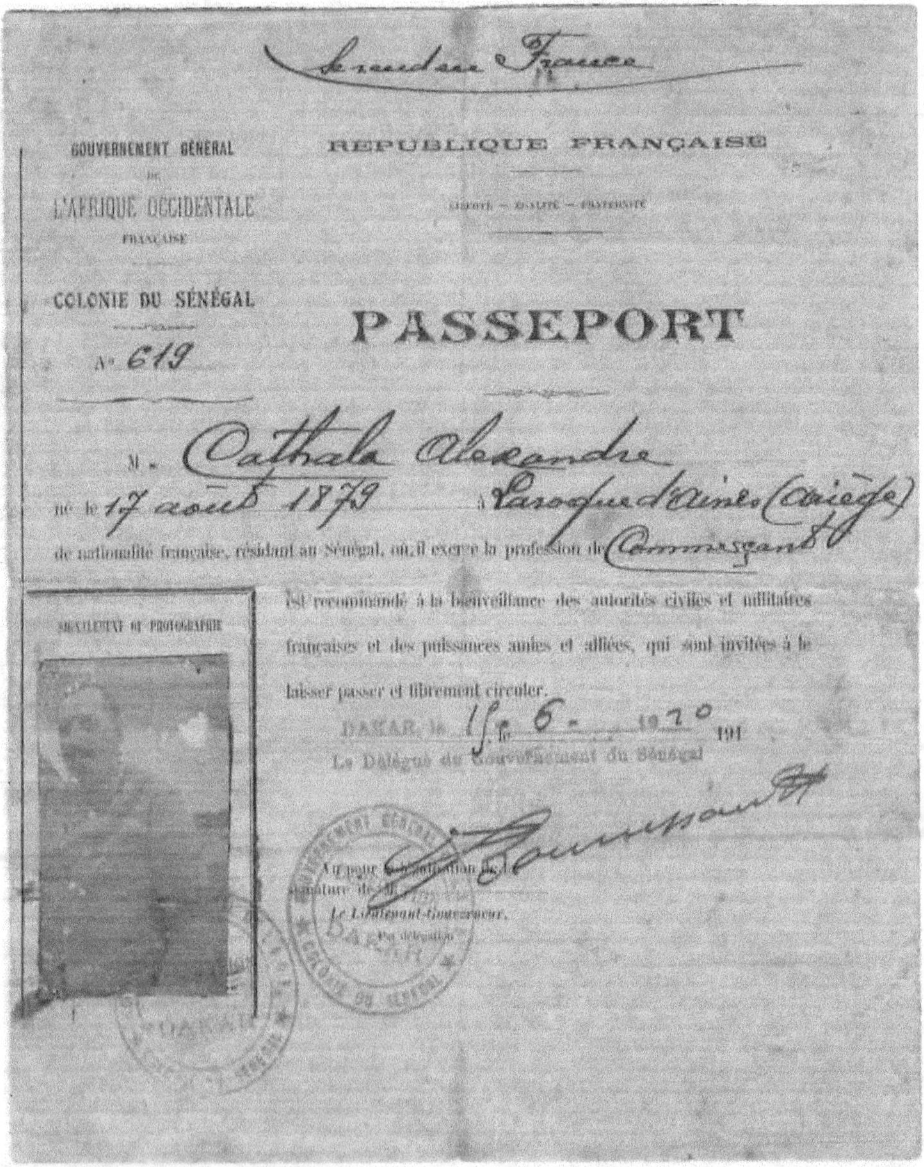

Se rend en France

GOUVERNEMENT GÉNÉRAL
DE
L'AFRIQUE OCCIDENTALE
FRANÇAISE

COLONIE DU SÉNÉGAL

N° 619

RÉPUBLIQUE FRANÇAISE

LIBERTÉ — ÉGALITÉ — FRATERNITÉ

PASSEPORT

M. Cathala Alexandre
né le 17 août 1879 à Laroque d'Olmes (Ariège)
de nationalité française, résidant au Sénégal, où il exerce la profession de Commerçant

SIGNALEMENT OU PHOTOGRAPHIE

est recommandé à la bienveillance des autorités civiles et militaires françaises et des puissances amies et alliées, qui sont invitées à le laisser passer et librement circuler.

DAKAR, le 15 6 1920

Le Délégué du Gouvernement du Sénégal

Vu pour légalisation de la signature de M.

Le Lieutenant-Gouverneur,
Par délégation

Source : Archives Cathala

Annexe 7
Demande de nationalité de René Cathala

REPUBLIQUE DU SENEGAL
Un Peuple - Un But - Une Foi

MINISTERE DE LA JUSTICE

DIRECTION DES AFFAIRES CIVILES ET DU SCEAU

N° 5798 /MJ-ACS-OP N° 232

DAKAR, le 24 MAI [illegible]

LE GARDE DES SCEAUX, MINISTRE DE LA JUSTICE

à

Monsieur René Auguste CATHALA
Commerçant à
MEKHE
(Rép. du Sénégal)

Monsieur,

J'ai l'honneur de porter à votre connaissance que l'option que vous avez effectuée le 6 avril 1961 devant M. le Président du Tribunal de 1ère Instance de DAKAR a été enregistrée par mes services le 19 Juin 1961 sous le N° 232 /OPT.

Elle n'a fait l'objet d'aucune opposition du Gouvernement.

Elle est donc devenue valable aux termes de l'article 30 de la loi n°61-10 du 7 Mars 1961 sur la nationalité Sénégalaise.

Vous êtes donc Sénégalais et ce sans aucune réserve.

Au cas où vous n'auriez pas déjà obtenu un certificat de nationalité, vous pouvez, muni de la présente lettre vous présenter devant le Juge de Paix de votre résidence pour en demander délivrance.

Veuillez agréer, Monsieur, , l'expression de ma considération distinguée./.

Pour le Garde des Sceaux
Ministre de la Justice
et par ordre
Le Chef de Cabinet

Source : Archives Cathala

Annexe 8
Carte de conseiller municipal
de René Cathala

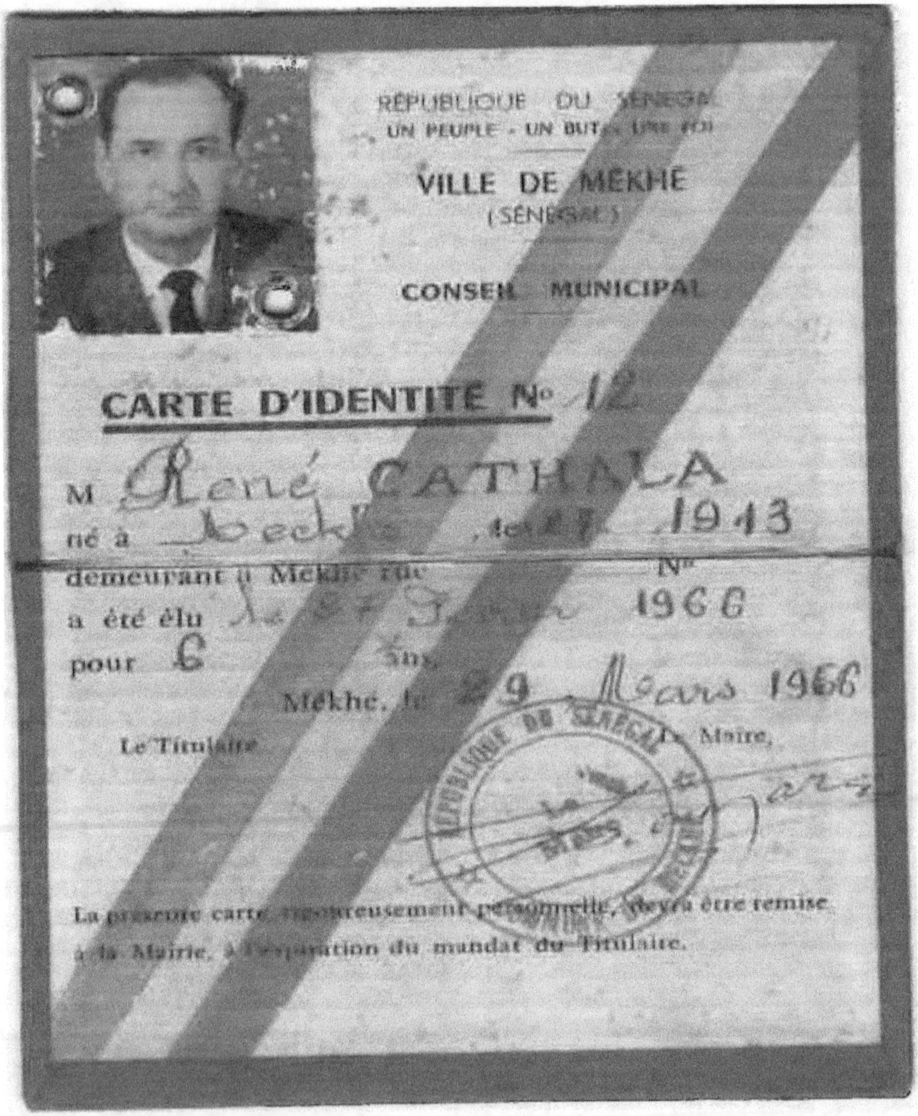

RÉPUBLIQUE DU SÉNÉGAL
UN PEUPLE - UN BUT - UNE FOI
VILLE DE MEKHE
(SÉNÉGAL)
CONSEIL MUNICIPAL

CARTE D'IDENTITE N° 12

M René CATHALA
né à ... le ... 1943
demeurant à Mekhe rue ... N°
a été élu le ... 1966
pour 6 ans,
Mékhe, le 29 Mars 1966

Le Titulaire, Le Maire,

La présente carte, rigoureusement personnelle, devra être remise à la Mairie, à l'expiration du mandat du Titulaire.

Source : Archives Cathala

Annexe 9
Liste de quelques traitants de Ngaye (1921-1947)

N°	Prénom	Nom	N°	Prénom	Nom
1	Médoune	Bèye	21	Mourath	Ndaw
2	Dacoumba	Dieng	22	Wali	Ndiaye
3	Biram	Dieng	23	Amadou	Ndiaye
4	Momar Fama	Diop	24	Diaga	Ndiaye
5	Madiop	Diop	25	Waly	Ndiaye
6	Moussa	Diop	26	Antoine dit Ndiago	Ndiaye
7	Sadembou	Diop	27	Niokhor	Ndir
8	Balla	Diop	28	Khali	Niang
9	Serigne	Fall	29	Babacar	Samb
10	Bouna	Fall	30	Mader	Samb
11	Amadou	Fall	31	Cheikh	Sébaye
12	Khassoum	Fofana	32	Mamadou	Sène
13	Amadou	Gaye	33	Mbacké	Sène
14	Meissa	Guèye	34	Gorgui	Seye
15	Abdou Mbarack	Haydara	35	Ndiaye	Socé
16	Mbaye	Kane	36	Fara	Sow
17	Abdourahmane	Kounta	37	Omar	Sow
18	Tidiane	Masson	38	Gorgui	Sow
19	Abdoulaye	Mbaye	39	Adama	Sy
20	Amadou	Mboup	40	Saliou	Touré

Source : Registre matricule École des garçons de Mékhé, 1921-1947

Annexe 10

Arachides expédiées par les gares du cercle de Tivaouane pour la traite 1910-1911.

	Escales	1909-1910	1910-1911
Mois de janvier 1911	Tivaouane	2.663.761	2.183.560
	Pire	2.400.710	2.099.386
	Mékhé	2.463.580	2.575.911
	Kelle	1.227.330	732.926
	Ndande	1.308.667	1.888.650
	Kébémer	1.273.500	1.193.061
	Guéoul	1.908.354	816.150
		13.245.354	**11.489.644**

	Escales	1909-1910	1910-1911
Mois de février 1911	Tivaouane	2.187.708	978.811
	Pire	2.657.886	642.942
	Mékhé	3.262.222	2.110.713
	Kelle	1.158.630	591.130
	Ndande	1.769.440	1.875.000
	Kébémer	2.403.362	1.201.000
	Guéoul	2.161.930	310.969
		15.601.178	**7.710.565**

	Escales	1909-1910	1910-1911
Mois de mars 1911	Tivaouane	1.838.108	281.091
	Pire	1.591.727	318.561
	Mékhé	3.627.970	827.819
	Kelle	1.141.630	180.803
	Ndande	1.915.010	605.000
	Kébémer	2.935.029	770.186
	Guéoul	1.686.491	362.850
		14.755.965	**3.346.310**

	Escales	1909-1910	1910-1911
	Tivaouane	475.103	156.077
	Pire	548.589	87.215
	Mékhé	3.294.700	753.164
Mois d'avril 1911	Kelle	672.200	230.494
	Ndande	**1.315.900**	-
	Kébémer	1.746.176	-
	Guéoul	646.146	111.234
		8.698.814	**1.348.184**

	Escales	**1909-1910**	**1910-1911**
	Tivaouane	73.929	196.950
	Pire	17.821	38.019
	Mékhé	1.159.404	285.662
Mois de mai 1911	Kelle	135.840	125.701
	Ndande	43.000	-
	Kébémer	318.961	31.000
	Guéoul	189.739	144.749
		1.938.684	**822.081**

Source : ANS Série 2G

Annexe 11
Correspondance entre les Éts Régis de Dakar et les Éts Cathala de Ngaye

IMPORTATION.EXPORTATION

Agents Dépositaires

SUCRE
RAFFINERIES DE SUCRE DE ST LOUIS

HUILES & SAVONS
DE MARSEILLE

PRODUITS DIVERS

Télégrammes { VORIS MARSEILLE / REGIS DAKAR

TELEPHONE: DAKAR 21

CODE: COGEF LUGAGNE

R.C. DAKAR N° 14-86

ETABLISSEMENTS VICTOR RÉGIS

HUILERIES DE L'ÉTOILE

Société Anonyme au Capital de 3.500.000 Francs

SIÈGE SOCIAL : 69, Rue de la Palud - MARSEILLE
R.C. MARSEILLE 21.708

Dakar, le 20 avril 1933
PLACE DU COMMERCE

Monsieur Alexandre CATHALA
à MEKHE
----------- (Sénégal)

Monsieur,

Notre accord prévoit que le réglement des graines en dépôt doit s'effectuer dans les deux mois de la date des avances et qu'en aucun cas le réglement ne peut dépasser le 30 avril 1933.-

Sur votre sollicitation et par pure bienveillance, nous n'avons pas exigé le règlement aux époques intermédiaires, mais nous vous informons que nous entendons que la date extrême du 30 avril 1933 soit respectée.-

Outre les facilités que comportaient pour vous notre accord, nous vous avons toujours offert des prix locaux supérieurs à la parité des cours pratiqués sur le marché Européen.- L'offre pour régularisation que vous trouverez sous ce pli comporte encore une PERTE IMPORTANTE par rapport au prix auquel il est POSSIBLE d'ACHETER actuellement sur le marché d'Europe.- Ces deux affirmations sont formelles.-

Si d'ailleurs notre prix - qui témoigne de notre bonne volonté - n'a pas votre agréement, vous n'avez qu'à nous rembourser immédiatement, comme notre accord le prévoit, le montant de votre débit chez nous majoré des frais et intérêts, reprendre vos graines et vendre quand et à qui vous l'entendrez. Pour notre part c'est la décision que nous préférons vous voir adopter.-

En vous fixant la date du 30 avril 1933 comme échéance extrême, nous n'entendons pas reporter le règlement total à cette date. Il faut que d'ici là nous ayons la preuve matérielle que vous partagez notre désir. Il va sans dire que si nous n'avions pas cette preuve, nous nous verrions contraints de nous placer sous le seul plan de la défense de nos propres intérêts.-

Ne considérez pas cette lettre comme une mise en demeure brutale mais comme l'avis, sage et raisonné, émanant d'une Maison qui a toujours aidé et défendu le Commerce Indépendant de la Colonie, mais qui n'accepterait pas que ceux envers lesquels elle a fait preuve d'une sollicitude constante, puissent ne pas s'en tenir aux accords pris de bonne foi réciproque.-

Veuillez agréer, Monsieur, nos bien cordiales salutations.-

ÉTABLISSEMENTS VICTOR RÉGIS A DAKAR,
LE DIRECTEUR:

Annexe 12
Exemple de contrat de vente d'arachides
(Éts Régis, Dakar)

ARACHIDES EN COQUES DU SÉNÉGAL

Gare Marine Dakar

(sacs acheteurs)

Campagne 1930 - 1931

Contrat N° 819

Il est entendu, entre les parties soussignées, que :

Monsieur Alexandre CATHALA, ---------------

demeurant à MEKHE (Sénégal) ---------------

vend aux **Établissements Victor Régis** à **Dakar,** qui acceptent :

Quantité : Cent ------------------------ mille kilogrammes (cette quantité s'entend poids de la livraison à destination).

Graines : Arachides en coques et en vrac, provenance de Cayor ----------

Qualité : Qualité moyenne de la récolte 1930 - 1931 graines sèches, loyales et marchandes, répondant au règlement du Conditionnement des Arachides, en vigueur au moment de la livraison.

Dans le cas où le criblage des graines serait imposé par le Service du Conditionnement des Arachides, les corps étrangers, poussières et sables trouvés seront bonifiés en totalité aux acheteurs, le vendeur ne bénéficiant d'aucune franchise, et les frais de criblage, tels qu'ils seront décomptés par le Service du Conditionnement, seront à la charge du vendeur.

Livraison : A dater de ce jour --------------- et au plus tard le 28 Février 1931 --------------- au fur et à mesure que les acheteurs mettront des sacs vides à la disposition du vendeur.

Prix : Au prix de Cinquante cinq francs ----- les cents kilos net, Franco Gare Marine Dakar et/ou quai Dakar, graines logées dans les sacs des acheteurs, poids reconnu à l'arrivée.

Pour les graines arrivant par mer, les côtres et/ou vapeurs les transportant devront accoster au poste désigné par les acheteurs, si le poste désigné est libre ou, à défaut, au poste libre le plus rapproché.

Paiement : Paiement à **Dakar**, au comptant, au fur et à mesure de la livraison.

Assurance : Dans le cas où le paiement, ou une partie seulement du paiement, serait effectué par anticipation, le vendeur s'engage à faire assurer ses graines contre l'incendie.

Juridiction : En cas de difficulté, et à défaut d'arbitrage amiable, le Tribunal de **Dakar** sera seul compétent.

Conditions particulières ------------------------

Fait en double à Dakar, le 14 Janvier 1931.-

LE VENDEUR : L'ACHETEUR :

Le Directeur.

N. B. — Faire précéder les signatures des mots " Lu et accepté ".

Source : Archives Cathala

LISTE DES ILLUSTRATIONS

Liste des cartes

Liste des figures

LISTE DES PHOTOS

LISTE DES PLANCHES

LISTE DES TABLEAUX

BIBLIOGRAPHIE

Agence Nationale de la Statistique et de la Démographie. 2013. Calendrier historique de la région de Thiès (Recensement général de la population, de l'habitat, de l'agriculture et de l'élevage), Dakar, version juin 2013.

ALHADJI, Bouba Nouhou.2003. « Les Libano-syriens au Sénégal. Trajectoire, accommodation et confessionnalisme », *Confluences Méditerranée*, 4/2012, N°83, p.135-151.

------. Archives Nationales du Sénégal. 1869. « La bataille de Mékhé », série13 G 56, pièce 4.

------.1897. Rapports politiques mensuels et trimestriels du Cayor. Cercle de Niani Ouli ; série 2G, 1-148.

------.1897. Situation politique du Cayor. Cercle de Tivaouane. Cercle de Tivaouane, série 2 G, 1-116, 2 août 897.

------.1897. Rapport sur la situation politique, commerciale et agricole du Cayor. Cercle de Tivaouane, série 2G, 158, 1897.

------.1898. Rapport sur la situation politique, commerciale et agricole du Cayor. Cercle de Tivaouane. Série 2 G, 5 janvier 1898.

------.1898. Rapport sur la situation politique, commerciale et agricole du Cayor. Cercle de Tivaouane, série 2 G, 7 mars 1898.

------.1898. Rapport politique trimestriel du Cayor. Cercle de Tivaouane, série 2G, 1-118, juillet-septembre 1898.

------.1899. Rapport politique 4e trimestre du Cayor. Cercle de Tivaouane, série 2G, 1-118, 9 janvier 1899.

------.1910. Rapports mensuels d'ensemble du Cayor. Cercle de Tivaouane. Rapports février, série 2G, 10-38, 1910.

------.1913. Rapport d'ensemble trimestriel. Cercle de Tivaouane, Commune mixte de Mékhé, série 2G, 13-46, 3 avril 1913.

------.1912. Rapports d'ensemble trimestriel. Cercle de Tivaouane, Commune mixte de Mékhé, série 2G, 12-45, 31 décembre 1912.

------.1912. Rapports d'ensemble trimestriel. Cercle de Tivaouane, Commune mixte de Mékhé, série 2G, 12-45, 30 juin 1912.

------.1936. Rapports de l'Inspecteur de l'Enseignement Primaire du Sénégal, (0212 (31).

ASHCROFT, Bill, Gareth Griffiths & Helen Tiffin. 2003. *The Postcolonial Studies Readers*, London & New York : Routledge.

BARBEDETTE, Loïc. 2007. « Connaître son passé pour se déterminer face à l'avenir : Recherche paysanne sur l'évolution de la condition paysanne dans le Cayor », UGPM, Mékhé, 23-25 mars 2007 (non édité).

BECKER, Charles., Martin Victor. 1975, « Kayor et Baol, royaumes sénégalais et traite des esclaves au XVIIe siècle », *Revue française d'histoire d'outre-mer*, vol. 52, N° 226, pp. 270-300.

BOYD, William. 1998. *Armadillo*. New York: Vintage Books

Code du Travail. 1953. Territoire du Sénégal. Saint-Louis : Imprimerie du Gouvernement du Sénégal.

DAVID, Philippe, 1980, *Les navétanes : histoire des migrants saisonniers de l'arachide en Sénégambie des origines à nos jours*. Dakar : Les Nouvelles Éditions Africaines.

DIA, Baïdy. 2016. *La ville postmoderne dans les romans de William Boyd : représentation, fonctions et sens* (thèse de doctorat), Université Cheikh Anta Diop de Dakar.

DURAND, Gilbert. 1992. *Les Structures Anthropologiques de l'Imaginaire*. Paris : Dunod.

Émission *Demb* du 20 juillet 2011, consacrée à l'arachide et animée par Tall Ngol Ngol. À voir sur Youtube : https : //www.youtube.com/watch?v=Rlb7YFLyC-A. Consultée le 12 janvier 2016.

HORVATH, Christina. 2007. *Le Roman urbain contemporain en France*. Paris : Presses Sorbonne.

KANDJI, Mamadou. 2013. *Sébikhotane territoire d'intégration : histoire des communautés et des mentalités*. Paris : L'Harmattan.

KANE, Mohamadou. 1971. *Birago Diop*. Paris : Présence Africaine.

LY**Erreur ! Signet non défini.**, Abdoulaye. 1957. « Mercenaires noirs : notes sur une forme de l'exploitation des Africains » (vol 3, coll. *Le colonialisme*). Dakar : Présence africaine.

M'BOLOKO, Elikia. 1988. « Peste et société urbaine à Dakar : l'épidémie de 1914 ». *Cahiers d'études africaines*. Voir : Persée, http://www.persee.fr/doc/cea_0008-0055_1982_num_22_85_2272.

OFFENSTADT, Nicolas. 2011. *L'historiographie*. Paris : Presses Universitaires Françaises.

Radiodiffusion Télévision du Sénégal. 2016. « Ngaye Mékhé : plus de 1500 paires de chaussures par jour ! ». Publié sur Youtube le 2 septembre 2016. https://www.youtube.com/watch?v=Qs6K1bkW9R8. Consulté le 25 novembre 2016.

Registre matricule de l'École des garçons de Mékhé, 1921-1947.

SADJI, Abdoulaye. 1958. *Maïmouna*. Paris : Présence Africaine.

------.1988. *Nini, mulâtresse du Sénégal*. Paris : Présence Africaine, 3e édition.

SALMON, Jean-Marc. 2000. *Un mode à grande vitesse : globalisation, mode d'emploi*. Paris : Éditions du Seuil.

SENGHOR, Léopold Sédar. 1948. *Hosties noires*. Paris : Éditions Seuil.

------.1979. « Élégie à la reine de Saba ». *in Élégies majeures : suivi de dialogue sur la poésie francophone*. Paris : Éditions du Seuil.

INDEX

Index nominum Auteurs

Négociants européens et libano-syriens

Traitants ngayois

Autres notabilités ngayoises

Index rerum

TABLE DES MATIÈRES

Le Sénégal
aux éditions L'Harmattan

Dernières parutions

L'ESTHÉTIQUE SOCIALE DES PULAAR
Socioanalyse d'un groupe ethnolinguistique
Sy Harouna
L'esthétique sociale pulaar est une mise en ordre éthique de la vie sociale. Elle est l'inventaire systématique de ce qu'il y a de beau et de laid dans le social relativement à ses valeurs, à ses normes, à ses règles et à ses codes qui commandent des postures, des relations, des rapports et des qualités appropriés. L'analyse des contradictions de la société pulaar du Fuuta Tooro a révélé des logiques et des stratégies fondées sur des rapports de castes et sur les représentations sociales que ces rapports produisent.
(31.00 euros, 304 p.)
ISBN : 978-2-343-11189-6, ISBN EBOOK : 978-2-14-002810-6

LE BAYNUNK GUNAAMOLO, UNE LANGUE DU SUD DU SÉNÉGAL
Analyse phonologique, morphologique et syntaxique
Diop Sokhna Bao - Préface de Denis Creissels
Le Sénégal est un pays multilingue avec des langues majoritaires et des langues minoritaires, de par le nombre de leurs locuteurs, mais également de par la quantité de travaux dont chacune dispose. Les langues majoritaires ont fait l'objet de nombreuses recherches, à la différences des langues minoritaires. Ce constat est à l'origine du choix porté sur la description de la variante gunaamolo du baynunk (parlé au sud du Sénégal, plus précisément à Niamone, dans la région de Ziguinchor) qui est une langue en danger très peu décrite. L'utilité et l'intérêt de ce travail résident dans la sauvegarde et la connaissance de cette langue et sa communauté. Elle peut servir aussi de référence à des recherches futures.
(Coll. Études africaines, 38.50 euros, 392 p.)
ISBN : 978-2-343-09614-8, ISBN EBOOK : 978-2-14-002913-4

DE L'HÉRITAGE ARABO-ISLAMIQUE SAINT-LOUISIEN
Une illustration par les œuvres d'Abbas Sall et d'Abdoulaye Fall Magatte
Fall Cheikh Tidiane - Préface de Samba Dieng et Postface de Mouhamed Habib Kébé
Cet ouvrage porte sur la réhabilitation du legs culturel arabo-islamique ouest-africain en général et saint-louisien en particulier. Revaloriser un pan du patrimoine culturel par l'entremise de l'imagination poétique locale de deux intellectuels demeure l'objectif principal de cette étude. Une partie descriptive constituée de la traduction d'une cinquantaine de poèmes suivie d'un volet analytique constitue la méthodologie de ce travail de recherche. La moisson tirée de ce travail préliminaire apporte quelques éclairages sur l'intérêt de la traduction de manuscrits arabes, notamment ceux produits par d'éminents ulémas du Sénégal, tels les deux poètes faisant l'objet de cette étude.
(Harmattan Sénégal, 35.00 euros, 340 p.)
ISBN : 978-2-343-11306-7, ISBN EBOOK : 978-2-14-003014-7

L'AGRICULTURE DU SÉNÉGAL SOUS LA COLONISATION
Diop Ismaïla
L'introduction de l'arachide au Sénégal au début du XXe siècle révolutionne le paysage agricole. La France décide alors de faire du Sénégal une colonie arachidière. Le Sénégal devient la troisième puissance arachidière du monde après les États-Unis et l'Inde. Cette monoculture extensive aboutit à un déficit vivrier chronique, une dégradation des sols, une dépendance vis-à-vis des importations de riz en provenance d'Asie. Pour y remédier, le rapport de la mission Roland Portères de 1952 recommande des mesures d'aménagement du territoire, de restauration des sols, de promotion de l'agriculture intégrée sérère.
(Harmattan Sénégal, 23.50 euros, 218 p.)
ISBN : 978-2-343-11129-2, ISBN EBOOK : 978-978-2-14-002836-6

CASAMANCE
À quand la paix ?
Bassène René Capain - Préface du père Nazaire Diatta
Malgré leur volonté et leur engagement affichés d'aller vers la fin du conflit armé en Casamance, la position des parties en guerre n'a jamais réellement évolué. L'État du Sénégal se dit prêt à négocier sur tous les points, sauf sur ceux relatifs à l'intégrité territoriale et l'unité nationale, alors que, de son côté, le MFDC soutient une position contraire en déclarant être disposé à ne négocier que sur la question se rapportant à l'indépendance totale de la Casamance. Cette situation montre que le conflit armé est encore loin de finir en Casamance.
(28.50 euros, 276 p.)
ISBN : 978-2-343-10426-3, ISBN EBOOK : 978-2-14-002593-8

PARCOURS D'UN JOURNALISTE AUTODIDACTE
Ndiaye Pape Ngagne - Préface de Mamoudou Ibra Kane
Pape Ngagne Ndiaye, par son style, est devenu un rendez-vous incontournable de l'espace audiovisuel sénégalais. L'émission « Faram Faccce » qu'il anime présentement sur TFM est très courue des hommes et femmes politiques pressés de se soumettre au feu roulant et nourri des questions du redoutable interviewer, unique dans son genre. Ce livre n'est pas seulement une autobiographie, mais aussi une réflexion thématique et une sélection rigoureuse de certains numéros de la célèbre émission qui se veut « un décryptage des questions majeures de l'actualité nationale ».
(37.00 euros, 360 p.) ISBN : 978-2-343-09916-3, ISBN EBOOK : 978-978-2-14-002822-9

DES FRANCENABE AUX MODOU-MODOU
L'émigration sénégalaise contemporaine
Fall Papa Demba - Préface du Professeur Abdoulaye Bara Diop
Principalement centré sur la France et ses anciennes colonies d'Afrique, le champ migratoire sénégalais s'est, de manière originale, progressivement étendu à des destinations naguère méconnues ou peu fréquentées (comme les États-Unis, l'Italie, l'Espagne, l'Afrique du Sud ou le Brésil). Peu à peu, les migrants sont devenus des acteurs incontournables du développement. La prise en compte de ces populations, et de leurs mouvements, devient donc nécessaire aux programmes et politiques de développement durable.
(Harmattan Sénégal, 40.00 euros, 559 p., Illustré en noir et blanc)
ISBN : 978-2-343-10796-7, ISBN EBOOK : 978-2-14-002539-6

« DOYEN » AMADY ALY DIENG, LE TRANSMETTEUR INTÉGRAL (1932-2015)
Économie biographique ou sémio-Histoire
Ngaïdé Abdarahmane
Amady Ali Dieng nous a quittés il y a un an. Pour lui rendre hommage et s'en rappeler les enseignements, l'auteur de cet ouvrage a décidé de compiler ses nombreux écrits ou interventions. Les quatorze textes qui composent cette anthologie sont représentatifs et significatifs de la personnalité, du style et des préoccupations d'Amady Ali Dieng. On y retrouve son style, son humour et son esprit critique.
(Harmattan Sénégal, 23.50 euros, 228 p., Illustré en noir et blanc)
ISBN : 978-2-343-10855-1, ISBN EBOOK : 978-2-14-002561-7

41 RULES TO BE HAPPY
Kane Babaly
Seeing that happiness is the goal towards which all men strive for, the author wrote this book to help the reader in treasuring the joyous of life and realizing his desires in entirety, to be fulfilled, to claw his way to the top and to assure him it will turn out well in the end. Moreover, this book intends to give the keys us to get the secret for reaching we want in this life. 41 rules to be happy is a little self help book which has 41 rules that are meant to allow every reader to live life in full potential.
(Harmattan Sénégal, 14.50 euros, 138 p.)
ISBN : 978-2-343-10904-6, ISBN EBOOK : 978-2-14-002583-9

SÉNÉGAL
Les limites du Plan Sénégal Émergent
Mansour Samb El Hadji
Cet ouvrage présente une analyse profonde des politiques publiques en décortiquant le Plan Sénégal Émergent (PSE) qui jusque-là n'a fait l'objet d'aucune analyse critique sérieuse. Le Sénégal est face à un défi, le défi de son émergence, un défi qu'il compte relever avec tous ses fils. Ce défi qui mobilise aujourd'hui tout le monde doit nous pousser à proposer de nouveaux chemins et à animer un débat nécessaire et incontournable dans tout processus d'émergence.
(Harmattan Sénégal, 27.00 euros, 276 p.)
ISBN : 978-2-343-09721-3, ISBN EBOOK : 978-2-14-002372-9

SÉNÉGAL
Dynamiques paysannes et souveraineté alimentaire
Le procès de production, la tenue foncère et la naissance d'un mouvement paysan
Diop Amadou Makhouredia - Préface d'Yves Guillermou ; Postface de Fodé Niang
Le présent ouvrage contribue à la compréhension des stratégies développées par la petite paysannerie et les dynamiques qui animent les exploitations agricoles familiales permettant la production de biens nécessaires à l'alimentation et l'entretien des familles. La capacité des paysans à prendre en main leurs propres préoccupations a été mise en évidence par l'émergence d'organisations, de groupements, d'associations et d'unions dans tout l'espace rural sénégalais.
(Harmattan Sénégal, 26.00 euros, 256 p.)
ISBN : 978-2-343-10852-0, ISBN EBOOK : 978-2-14-002457-3

HISTOIRE ET SOCIOLOGIE DES RELIGIONS AU SÉNÉGAL
Tamba Moustapha
Le Sénégal reste une exception dans le domaine religieux : 90 % de musulmans, 5 % de chrétiens et 5 % d'adeptes de l'animisme. C'est aussi le pays où les musulmans et les catholiques partagent le même cimetière, où les conjoints partagent des religions différentes, où les écoles privées catholiques comptent 60 à 70 % d'élèves de confession musulmane, etc. Ce phénomène n'est pas dû au hasard. L'histoire et la sociologie des religions permettent de l'expliquer amplement. Cet ouvrage souligne cette exception sénégalaise pour montrer qu'au moment où notre monde est en proie au fanatisme, à l'intolérance et au terrorisme religieux, le Sénégal propose un autre « modèle ».
(Coll. Études africaines, série Economie, 41.00 euros, 426 p.)
ISBN : 978-2-343-10424-9, ISBN EBOOK : 978-2-14-002506-8

FIGURES DU POLITIQUE ET DE L'INTELLECTUEL AU SÉNÉGAL
L.S. Senghor - M. Dia - A. Ly - CH. A. Diop A. Diouf & F. Mitterrand - J.R. De Benoist - A. Seck - TH. Fall - A. M. Samb - A.M. Samb JR - TH. Monod - H. Bocoum - G. R. Thilmans
Samb Djibril
Cet ouvrage réunit des personnalités politiques et/ou intellectuelles très diverses : Léopold Sédar Senghor, l'Immortel Noir ; Mamadou Dia, le brillant économiste ; François Mitterrand et Abdou Diouf, deux experts politiques, ou encore Théodore Monod, le savant probe. Ces figures sont autant de coryphées auxquels l'auteur a voulu rendre hommage, afin de rappeler que la terre africaine du Sénégal ne manque pas de princes de l'esprit ni de nourriture intellectuelle.
(26.00 euros, 266 p.)
ISBN : 978-2-343-10731-8, ISBN EBOOK : 978-2-14-002513-6

TÉLÉVISIONS AU SÉNÉGAL
Entre désert de contenu et sécheresse intellectuelle
Djimbira Cheikh Mouhamadou
« Il faut lire ce livre en considérant qu'il a été sciemment écrit dans l'intention de nuire à la société spectaculaire. Il n'a jamais rien d'outrancier. » Cette pensée de Guy Debord nous permet de comprendre à bien des égards, l'ouvrage de Cheikh Mouhamadou Djimbira qui est un plaidoyer pour la création de programmes audiovisuels de qualité.
(11.50 euros, 80 p.)
ISBN : 978-978-2-343-10790-5, ISBN EBOOK : 978-978-2-14-002528-0

UN SCOUT SÉNÉGALAIS
L'aventure citoyenne (deuxième édition)
Ndene Pascal - Préface de Jacques Moreillon
Lorsque nous parlons de l'adolescence, nous évoquons l'autonomie, la responsabilisation, la citoyenneté, le jeu, les relations avec les parents et avec les pairs. Toutes ces questions sont abordées dans ce livre qui montre avec humour le parcours éducatif d'un adolescent dans le scoutisme. Ce livre s'adresse à tous les jeunes, garçons et filles, aux parents et éducateurs de tout milieu social et culturel, ainsi qu'à tous les scouts et guides du monde.
(14.00 euros, 124 p.)
ISBN : 978-2-343-10965-7, ISBN EBOOK : 978-2-14-002526-6

LA PENSÉE DE CHEIKH AHMADOU BAMBA FACE AUX DÉFIS AFRICAINS
Sow Cheikh Mar
Cheikh Ahmadou Bamba Mbacké a su déterminer une nouvelle vision aux yeux de ses contemporains en formulant d'une façon très claire des idées novatrices capables de faire bouger le peuple. Cette conception de la société dans sa globalité a permis «à chaque individu de devenir un centre d'initiative, de création et de responsabilité à tous les niveaux : celui de l'économie, de la politique, de la culture ; une conception qui ne soit ni individualiste, ni totalitaire mais fondée sur les communautés de base».
(Harmattan Sénégal, 24.00 euros, 238 p.)
ISBN : 978-2-343-10021-0, ISBN EBOOK : 978-2-14-002284-5

LE MODERNISME EN ISLAM
Introduction à la pensée de Sayyid Amir Ali
Diagne Mbengue Ramatoulaye
« Les thèmes abordés par le Professeur Ramatoulaye Diagne dans sa lecture de la pensée d'Amir Ali ont tous un lien indéfectible avec le pluralisme et la paix. (...) Dans la lecture de son ouvrage, on arrive à comprendre que le modernisme d'Amir Ali est une sorte de renouveau dans la pensée islamique. C'est un mouvement d'intellection qui intègre, dans une cohérence architecturale, l'usage de la raison, l'esprit du soufisme pratique ghazalien et la finalité de la prière qui concilie l'ascèse de l'âme à la transformation positive des sociétés. » Abdoul Aziz Kebe, Ancien Chef du Département d'Arabe UCAD-DAKAR.
(Harmattan Sénégal, 15.00 euros, 144 p.)
ISBN : 978-2-343-09977-4, ISBN EBOOK : 978-2-14-002211-1

MA RENCONTRE AVEC ALLAH
De l'obscurité à la lumière
Mbengue Adama Ousmane
Cet ouvrage traite surtout de la question essentielle du Mahdi qui vient pour apporter les solutions idoines en s'appuyant sur la Sharia mouhammadiya et la Tariqah ahmadiya afin d'offrir à tout individu le meilleur profil dans la société idéale qu'il compte établir.
(Harmattan Sénégal, 14.50 euros, 134 p.)
ISBN : 978-2-343-10299-3, ISBN EBOOK : 978-2-14-002277-7

Structures éditoriales du groupe L'Harmattan

L'Harmattan Italie
Via degli Artisti, 15
10124 Torino
harmattan.italia@gmail.com

L'Harmattan Hongrie
Kossuth l. u. 14-16.
1053 Budapest
harmattan@harmattan.hu

L'Harmattan Sénégal
10 VDN en face Mermoz
BP 45034 Dakar-Fann
senharmattan@gmail.com

L'Harmattan Cameroun
TSINGA/FECAFOOT
BP 11486 Yaoundé
inkoukam@gmail.com

L'Harmattan Burkina Faso
Achille Somé – tengnule@hotmail.fr

L'Harmattan Guinée
Almamya, rue KA 028 OKB Agency
BP 3470 Conakry
harmattanguinee@yahoo.fr

L'Harmattan RDC
185, avenue Nyangwe
Commune de Lingwala – Kinshasa
matangilamusadila@yahoo.fr

L'Harmattan Congo
67, boulevard Denis-Sassou-N'Guesso
BP 2874 Brazzaville
harmattan.congo@yahoo.fr

L'Harmattan Mali
Sirakoro-Meguetana V31
Bamako
syllaka@yahoo.fr

L'Harmattan Togo
Djidjole – Lomé
Maison Amela
face EPP BATOME
ddamela@aol.com

L'Harmattan Côte d'Ivoire
Résidence Karl – Cité des Arts
Abidjan-Cocody
03 BP 1588 Abidjan
espace_harmattan.ci@hotmail.fr

L'Harmattan Algérie
22, rue Moulay-Mohamed
31000 Oran
info2@harmattan-algerie.com

L'Harmattan Maroc
5, rue Ferrane-Kouicha, Talaâ-Elkbira
Chrableyine, Fès-Médine
30000 Fès
harmattan.maroc@gmail.com

Nos librairies en France

Librairie internationale
16, rue des Écoles – 75005 Paris
librairie.internationale@harmattan.fr
01 40 46 79 11
www.librairieharmattan.com

Lib. sciences humaines & histoire
21, rue des Écoles – 75005 paris
librairie.sh@harmattan.fr
01 46 34 13 71
www.librairieharmattansh.com

Librairie l'Espace Harmattan
21 bis, rue des Écoles – 75005 paris
librairie.espace@harmattan.fr
01 43 29 49 42

Lib. Méditerranée & Moyen-Orient
7, rue des Carmes – 75005 Paris
librairie.mediterranee@harmattan.fr
01 43 29 71 15

Librairie Le Lucernaire
53, rue Notre-Dame-des-Champs – 75006 Paris
librairie@lucernaire.fr
01 42 22 67 13

www.ingramcontent.com/pod-product-compliance
Lightning Source LLC
LaVergne TN
LVHW011016061026
849535LV00006B/1916